铁流陕北

从红军到八路军

萨苏 著

北京日报出版社

目 录
contents

前言

引子：长征建立了一个陕北“梁山泊” ……… 001

上篇 从苏区到长征

日本新闻中的红军领袖 ……… 011

第五次反“围剿”还有第二个洋顾问 ……… 017

跟着红军喝“龟壳汤”——传教士薄复礼的长征回忆 ……… 026

生生死死战未休——从黄克诚大将的经历看红军长征 ……… 032

智败川军“小诸葛”——大渡河之战再考 ……… 042

附：“掉链子”的泸定桥 / 060

一个日本记者眼中的长征 / 064

下篇　从红军到八路军

陕北，怎么会“冒”出一块根据地 ········ 074

孤独的军团——长征中第一支到达陕北的红军 ········ 090

猛虎斗貔貅——徐海东大战榆林桥 ········ 106

十大元帅是怎样到达秦川的 ········ 135

红军记忆，陕北印象 ········ 156

附：在陕北研究航空母舰——哈里森·福尔曼眼中的红军　/ 176

打红军打出灵异来　/ 182

陕北的红军有飞机和战车？！——日本记者的特别报道　/ 193

薄复礼五十年后回忆的红军　/ 204

前　言

长征后红军仅存的炮兵行进在陕北

红军长征是一部史诗般的乐章，大多数描述红军长征的作品着重于从南向北的进军记录，如果从陕北南向而望，我们可以从一个全新的角度审视这部史诗的另一面：看到缔造中华人民共和国的新红色根据地——陕北这片土地，怎样迎来红军百川归海，又怎样成为打造民族抗战劲旅的摇篮。本书将重现红军不为人知的故事，再现长征中各路部队如何陆续到达陕北、十元帅十大将及其他中共领导人怎样进入这一新的红色摇篮的历程，展示这些红色的种子经过怎样的激烈战斗在黄土高原上重新站稳脚跟并开始新的征程。

这片土地是一个神秘的区域，它罕为外人所知，却辐射出巨大的能量，乃至于影响了在当地进行所谓“剿共”的东北军和西北军，并由此促成东北军的转变。在红军的影响下，张学良、杨虎城将军发动了西安事变，并在红军的策应下实现逼蒋抗日。

红军方面在和平解决西安事变之后，开始集中于云阳等地，准备投入抗日战

红军在简易的乒乓球台上进行体育比赛

争。这时，红军也迎来了第一批外界的观察者——以哈里森·福尔曼为代表的国际记者观察团。

他们为红军留下了珍贵的影像，并十分有幸，目睹了中国工农红军如何最终改编为八路军、誓师后东征抗日、保存红色火种、积蓄红色力量、由阶级战争转入民族战争的整个过程。红色的铁流由此涌向整个国家，并最终为这个国家带来了新生，红军长征的历史使命至此才真正得以完成。

红军在“中国人民红军抗日先锋军”的旗帜下战斗，显示了这种从阶级战争转向民族战争的变化，也展示了长征后红军昂扬的作战风貌

从陕北的故事可以看出，尽管长征和红军是经常被人们谈论的话题，但实际上在人们的了解范围之外，还有很多我们不知道的内容。本书讲述的便是有关长征和红军的那些我们不知道的传奇，或者我们熟悉的故事中的那些意想不到的事情。

由于笔者水平有限，资料不足，难免挂一漏万，希望随时得到广大读者的指正和协助，使红军和长征的故事，在我们的追忆中焕发出更迷人的色彩。

引子：长征建立了一个陕北“梁山泊”

长征建立了一个陕北“梁山泊”，这是日本记者波多野乾一提出的，他在1941年出版的《赤色支那的究明》第六卷《延安水浒传》一书中这样形容红军、长征和陕北的关系：

对中国十分熟悉的日本摄影记者波多野乾一的作品之一

“红色支那”这个词，是十年前本邦［笔者注：指日本］对中国左翼运动进行研究的学者提出的，在记者们中间，是个非官方的约定俗成的名词。1934年年初，“红色支那”已经拥有八大苏区（总面积相当于中国的两个省）和三十万红军——共产党军。在江西瑞金，1931年11月成立了中华苏维埃共和国临时中央政府，并在这一年举行了第一次全国苏维埃代表大会。所以，在中国的共产运动史上，这个阶段被称作“苏维埃时代”。

在苏维埃时代，11月7日，也就是俄国十月革命纪念日，每年都要举办盛大的庆祝活动。1934年，这个革命纪念日的庆祝会，早晨六点就在瑞金开始了。参加者达一千多名。只是，中央执行委员会主席毛泽东没有出现在会场上，只有副主席项英、军事委员会主席朱德主持会议。站在讲坛上发表祝贺演说的项朱二人，表情中都带了难以掩饰的抑郁。不到两个小时大会就宣布结束。早上十点，在由项副主席主持的阅兵式上，颧骨突出、面色苍白的官兵们依然整齐有序——但是，就在这天下午，讨伐军的飞机，很不协调地出现在了红都的上空，开始了又一轮轰炸。

第二天，也就是8日，红军烧毁兵工厂、军官学校等机关。9日夜，这里一个士兵的影子都看不到了。过了一天，国民党军东路军的第十师（师长李默庵）长驱直入瑞金城。经营了六年的中央苏区，就此沦陷。红军出发，向中国西北地区寻找新的地盘。漫长的西征开始了。

从成立之初就以独特的游击战术著称的红军，巧妙地避开讨伐军的锋芒，或分或合，似流寇，似流星，画出数条不规则的路线朝西北而去。当时我曾根据红军的动向，在地图上推测他们此后的行踪，这张地图至今还在。然而，他们的路线宛如游动的长蛇而毫无规律，让我对自己的工作感到沮丧。

中共方面，把这次西征称作“长征”，据说征程达到二万五千里。计算起来，这并不是夸张。1936年10月，红军第一军团到达甘肃预旺堡的时候，其纪录已经达到一万八千零八十八里。1933年，贺龙、徐向前两军，为这个纪录分别贡献了五千九百余里和五千一百余里。1935年至1936年间红军主力的行军继续刷新着这个纪录。此时，他们的行程达到一个月六百里，平均一天二十里，其转移速度何其快也！

他们擅长的游击战，在这两年间继续得到发挥，因此在陕西北部终于安定下来，建立了新的根据地。以同省的延安为中心，纵横二十余县，即被称作“陕甘宁边区”的地方。支那事变［笔者注：即七七事变］后，第二次国共合作建立，中共代表（多半是周恩来吧）与蒋介石展开谈判。根据中共方面的消息，9月6日（1937年），蒋介石承认了边区的存在。

这块拥有二百五十万人口的广大地区，就此成为红色的梁山泊。这块红色的秘境，蒋介石政权一指亦不能染。这里成为赤色中国人和苏联人活跃的舞台。与《水浒传》中朱贵酒店类似的“招待所”出现了，如同攻陷大名府那样的事情也不断上演，国民革命军第八路军和新四军在南北战线驰骋往来。

虽然我们中国人经常用《三国演义》和《水浒传》诠释某个新的时代或政治形势，但用“水泊梁山”来形容陕北红色根据地的说法还是很有新意。波多野乾一甚至还一本正经地将红色军队的将领列为“水浒一百零八将”，加以形容。

实际上这种描述确实有其道理，长征使红色力量在陕北这块土地上实现了一次“聚义”，中华人民共和国开国领袖们的名字几乎都可以在这里找到。

这种人才的集中是非常重要的，如果以蜀汉时期的人才状况和延安做一对比，便会发现其价值。蜀汉后期的人才衰落是一个争论不休的问题，将蜀国所在的益州和中共红军长征的目的地陕北进行一个比较，结论很是鲜明。

读诸葛亮的《后出师表》，开始总是不懂，面对邓铜、丁立等曲长屯将的损失诸葛亮为什么如此痛心，难道不应该是旧的不去新的不来吗？后来仔细看“四方之精锐”，仿佛对这位丞相之内心稍有了解。

仔细观察，就会发现蜀汉前期的将星云集，源自于各地来投，就好像红军长

陕北红军战士

征到了陕北，的确是人才储备雄厚，随意点出一个或许都能当团长。这就是诸葛亮在《后出师表》中谈到的“四方之精锐”，单单靠蜀地一处，不可能培养出同样数量和质量的人才团队。就像单靠陕北，也很难想象可以培养出一大批既能领兵打仗又能治理国家的人才。1949 年新中国成立，依靠的骨干，还是全国各地的人才。当然，陕北当地也有人才，如军事上的刘志丹（也是黄埔军校出来的）、政务上的习仲勋，但是毕竟有限。

蜀汉后期人才集团的衰落，和益州的文化水平有关，因为当时益州和中原相比，经济文化都相对落后，它还不能胜任一个人才培养基地的重任。文化的培养，毕竟需要一个积淀的过程。陕北在当时和现代，也是同样的处境。很难想象共产党到达陕北之后，只靠陕北当地的人才就能称雄天下，这不是一个重用不重用、会不会选拔的问题，而是是否有人可用的问题。事实上，益州人才的佼佼者，如吴兰、雷铜，在出川作战中也证实难以承担对抗中原的重任。当年刘焉出川争天下，大败之后一蹶不振，也说明蜀中人才本身的不足，也正因如此，蜀汉政权对西南的开发才在历史上占有重要地位。

蜀中和陕北在人才的接续问题上恰好可以做一个对比，抗战军兴，延安的人才有增无减，其原因有两个：第一，长征胜利后的共产党在全国范围获得了宣传自己的舞台，依靠合法地位争取到更多的支持者；第二，陕北从红军时代便成为一块神秘的“圣地”，爱国青年乐于前往延安。但是，蜀汉的益州就没有这个条件了，它的对外窗口狭小，无法向中原地区传播其影响，特别是荆州的丢失，是蜀汉历史的转折点。如果保留荆州，就保留了蜀汉对于全国的影响；否则，就基本被封闭在川中，难以发展，而且其交通闭塞，蜀道之难，难于上青天，人才不能轻易入蜀。这两点使蜀汉政权难以补充人才的新鲜血液。

对于这一点，诸葛亮可以说比当时蜀汉政权的其他人看得都清楚，所以面对这种封闭状况，他采取了两个措施。第一，就像他在《出师表》中所述，在现有人才还可以使用的时候，积极发动北伐。发动得越晚，人才就越不足，对比刘备的汉中之战和诸葛亮的街亭之战，就可以看出这个关系。第二，北伐的目的，直

指有着人才政治影响的双重基地——关陇，这里是汉朝的发源地和其长期盘踞的地方，如果占领这个地区，就可以获得可靠的人才供给和对全国的政治影响。换句话说，就是可以获得此后和共产党在陕北争天下基本相同的本钱——关陇的文化积淀，这是益州无法比拟的。蜀国后期本地将领中，没有一个可以在军事上和姜维相提并论，就说明了这个问题。

这是一个治标又治本的办法，成败在其次，但战略方向没有错。如果仅仅依靠益州坐井观天的土著势力，其“培养”结果，大约就是那句话：海绵里的水，只要挤，总是有的，但是别想从一块海绵里挤出一桶水来。武大郎和土拨鼠拉亲家，只能生出一帮土肥圆。

至于说诸葛亮用人谨慎，不注意培养人才，有些时候也要看是否有适合培养的对象，其实诸葛亮留下的班底对蜀国来说已经相当丰厚了。诸葛亮死后，这个班底帮助蜀汉维持了差不多三十年，说明他对接班人培养得相当不错。后来的割据政权，年限还没有这个数吧？由此可见诸葛亮的水平；但他在益州的局面和到达陕北的红军相比还是不可相提并论。红军的长征是播种机，也是人才的培育箱，到达陕北的时候，简直是把黄埔军校搬到了窑洞里来。

漫漫长征，血战湘江、桥横大渡，辗转二万五千里，写下了人类战争史上的奇迹。长征的过程已为无数史家详加考证，但很少有人会换一个角度，从陕北根据地的角度看一下这段神奇的历史。

对于陕北红军指挥官刘志丹和陕甘边苏维埃主席习仲勋而言，他们眼中整个长征的过程如同百川归海。共和国的开国元勋们，从不同的道路，在不同的时间，陆续到达了同一个复兴的起点，并在这片黄土高坡的土地上养精蓄锐，开始新的征程。

这是一个如同梁山聚义的过程，此后几十年中掌控国家命运的扛鼎人物，通过长征风云际会，缔造出了一个共和国的雏形。十元帅十大将中的绝大多数，都参加了这次远征，他们的足迹，在中国的大地上画出了一条条深刻的红线。

长征是一场命运的角逐，也是一场英雄的聚会。

也许人们在研读资料后会发现，在那个特殊的时代，红军给我们留下的印象是非常特别的。

上篇

从苏区到长征

曾雍雅将军

1934年10月，开国少将曾雍雅还是一名普通的红军战士，他跟随部队行军经过故乡雩都的时候，首长罗瑞卿对他说："你回家看看吧。"

曾雍雅不想去，他觉得作为部队的战士，大家都在一起，自己一个人回家不像话。罗瑞卿还是劝他去，他也的确离家很久了，便说："那我就回去一下，晚上肯定赶回队伍。"就这样，曾雍雅回到了家中，此时，由于第五次反"围剿"的战争已经迫近雩都，他的家人正在收拾东西，准备避难，见到他回来十分欣喜。于是家里杀了仅有的一只鸡，不及炖到熟透便一起吃了顿仓促的团圆饭。

两个月之后，西行的红军在湘江畔遭到国民党军的猛烈攻击。当曾雍雅走到江边的时候，浮桥已经被炸断，他随着人流涌向上游，在一处水浅的地方终于徒涉而过。此时的他回头望去，才忽然明白了罗瑞卿当时让他回家团聚的意义——长征已经开始了。

此后的十余年中，家人只能存在于他的梦里。这是离开中央苏区时，八万红军将士几乎相同的境遇，他们中间只有七千余人到达了陕北。

对于外界而言，红军是怎样一支队伍，他们为何要开始长征，在征途中有哪些不为人知的故事，这一切正是我们这本书第一部分试图要解析的。

日本新闻中的红军领袖

要说最关心红军动向的邻国，一个是当时共运的总部苏联，另一个便是东边的日本。它之所以如此关心红军，并不是也想搞革命，而是因为日本二战前一直将自己视为东方的反共基石，并且非常担心日本国内外的共产党相互影响和呼应。直到卢沟桥事变日军大举入侵中国，其宣传中还把“反共”当作最重要的使命之一。所以，在日本的新闻报道中，便经常出现红军的消息了。

虽然观点上有问题，但以日本人的认真劲儿，他们当时留下的新闻报道等，倒成为今日研究红军的重要史料了。

不过，也有些内容会让人读了如在云里雾中，哪怕是研究红军的专家，也会怀疑是不是看错了。

1932年10月26日，大阪《朝日新闻》刊登了一条关于红军的报道——由其上海支局撰写的《共匪之患》，算是那个时代对于红军较为全面的介绍了。其内容如下（因是对原文的翻译，其中“围剿”“共匪”“支那”等词汇不做更改）：

支那当局如今最大的烦恼便是共匪之猖獗了。如果在镇压共匪的政策上继续出现失误，甚至可以推测支那会面临崩溃性质的危险。日前南京政府集中了六十七个师又十二个旅的部队，合计六十三万余人的大军发动剿匪之战［笔者注：

子として、行く處行く處に低氣壓を起してゐるが、近く南支一帶に大暴風をひき起すことがありとすれば、それは明かに十九路軍であらうとは、識者のひとしく觀測するところである。

共匪に惱む

支那當局の最も大きな惱みは、何といつても共匪の跋扈だ。もし一歩共匪に對する制壓策を誤れば支那の崩壞を意味するほどの危險を豫想さるゝからである。現に南京政府が六十七師、十二旅即ち總計六十三萬餘の大軍を動かして剿匪に專念し、蔣介石自身漢口に乘出して、久しく軍旅の苦勞を嘗めてゐるのもそれがためであり、また蔣介石の周圍が思ひ切つて國民黨の傳統を捨て、極端なファッショ化に走らんとする運動に拍車をかけてゐるのも、要するに共匪の存在からである。

共産軍の

本據は、中華サウエート共和國臨時中央政府の所在地である江西省の瑞金で、こゝには第一共産軍團總指揮朱德が政治主任毛澤東とともに、直屬の軍隊五萬を擁し、更に董振堂の第五、陳東山の第六兩軍團に屬する約一萬六千の兵力を合して、最も強固なる地盤を確立してをり、友軍彭德懷（第三軍團長、兵力約四萬一千）とは、極めて緊密なる聯繫を取つてゐるから、この朱、董、陳、彭四軍の勢力は、江西省を折半した南部と福建省の西邊にわたり、相當廣汎に及んでゐる。

これに對して政府軍では、西南方からは廣東の陳濟棠軍、東方からは福建に移駐した蔣光鼐の十九路軍と土着の省防軍が當り、北方からは剿匪總指揮何應欽が南昌に本營を置いて、主力を擧げて壓迫してゐるが、地の利を占めた共産軍は一向平氣で、却つて政府軍の兵力微弱な福建省境を越えて、海港廈門の背後を脅かしてゐる。

なほ共産軍發祥の地たる江西省には、東北邊境に周建平の指揮する約一萬、西北邊境には孔荷寵の四萬が、今なほ頑強に抵抗してゐるが、

中央軍に

それ以外の有力なる部隊は、湖北省の中央部に頑張つてゐた賀龍の第二軍團（段德昌、香姑、蕭姑の諸軍を合算して兵力約五萬八千）と湖北、安徽、河南三省の接壤地區に占據してゐた第四軍團總指揮徐向前麾下約十萬であつた。そこで長江流域に對する共匪の脅威を憂慮した蔣介石は、自ら漢口に乘り出して、一切の指揮を取り賀龍軍に對しては、何成濬と劉湘の四川軍をして東西から挾擊せしめ、徐向前軍に向つては、西南方から豫鄂皖三省剿匪軍中路副指揮たる劉峙軍、東方からは同右翼副指揮たる王均軍をして、包圍攻擊を敢行せしめたが約半歲に及ぶ日夜の苦心が奏功し、賀龍の第二共産軍團は殆ど壞滅に歸し徐向前の第四共産軍團も、湖北省内から完全に驅逐されて、今は河南、安徽の省境に僅かに餘喘を保つてゐるに過ぎない。

さすがに

蔣介石を總帥として、六十餘萬の大軍を動かした大がゝりな共匪狩であるだけに、先づ長江流域に對する脅威だけは除き得た形であつたが、共匪はあだかも脊髄の如く、政府軍に一寸の緩みが生ずれば、直に八方に蜂起するばかりか、中央政府の財政困窮の結果給與不渡りなどのことがあれば、政府軍といへども何時共匪化するかわからないのである。今日の勝利が果して蔣介石にいつまで甘夢を貪らしめ得るか、それは大きな疑問である。殊に江西の共産本營は現に微動だに感じてをらず、これに向ふ政府側の各部隊が、却つて不統一に流れ、名は政府軍と稱するも、各異なつた打算を採るものゝ聯合であるからこの方面の剿匪は事實容易でない。支那の惱みの深く大きい所以である。

英國勢力下に大西藏出現か

反蔣の兩廣形勢

兩廣の形勢は事實上中央より完全に獨立したものといへる、いや機會あれば、更に進んで中央の覇權を握るに至るかも知れない。しかし用意周到な西南實力派の首領陳濟棠は、著實に地盤を固めて、機の熟するを徐ろに待つてゐる。その實力は今すでに財政上、地理上において、北支の雄張學良のそれをもはるかに凌駕し、從つて蔣介石にとつては最も恐るべき將來の一大敵國を形成しつゝある。

大阪《朝日新闻》上关于中国红军的报道

即蒋介石对苏区的第四次围剿，对于这次南京政府动用的兵力，国内使用的数字通常是五十万］，蒋介石从汉口出发亲自到军中督战，虽经苦苦鏖战仍未能成功。而围绕着蒋介石所进行的去除国民党传统、实施极端独裁的进程在不断深化，也是借助了共匪存在的背景。

共产党军的大本营，是中华苏维埃共和国临时中央政府所在地江西省的瑞金。在这里，共产党军第一军团总指挥朱德和政治部主任毛泽东相互合作，指挥的直属部队达到五万人，再加上董振堂的第五军团、陈东山的第六军团所属的一万六千兵力，共同确立了（苏维埃）最为强大稳固的地盘。其友军彭德怀（第三军团军团长，兵力约四万一千）与之有着紧密的联系。这朱、董、陈、彭四部军队的势力控制了江西省南部一半和福建省西部，范围相当广阔。

与之相对的国民党军部队，包括位于西南方的广东陈济棠军、东方的刚刚移驻福建的十九路军蒋光鼎军及土著的省防军。更主要的是北方压制过来的剿匪总指挥何应钦部主力。这支部队以南昌为大本营，徐徐压迫前进。而善于利用地形的共产党军则秉承一向的从容，转而向国民党军兵力微弱的福建边境前进，越过省境，从背后威胁厦门海港。

如今，作为共产党军发祥地的江西省，西北边境地带还有周建平指挥的约一万兵力、西北边境孔荷宠的约四万部队在顽强地抵抗着国民党军。除此之外的有力部队，还有在湖北省中部积极活动的贺龙所部第二军团（段德昌、香姑、满姑各军合计兵力约五万八千人），以及在湖北、安徽、河南三省交界地带建立根据地的第四军团总指挥郑行为［笔者注：未能查到身份］麾下约十万军队。这一次，对于长江流域共匪的威胁极度嫌忌的蒋介石，亲自从汉口出发，全权指挥对于贺龙军的作战，同时何成溶与刘湘的四川部队则东西夹击郑行为军，加上西南方的豫鄂皖三省剿匪军中路副总指挥刘峙的军队、东方的同右翼副总指挥王均的军队共同包围攻击，经过半年日夜苦心的果敢进击，终至奏捷。共产党军中排名第二的贺龙部基本坏灭，郑行为的共产党军第四军团也被从湖北省内完全驱逐出去，其余部现在河南、安徽省境，仅能维持残喘。

以蒋介石为主帅的六十余万大军对共匪进行围剿，解除了长江流域所面对的威胁，然而共匪如蝇，只要政府军稍有放缓，便是八方蜂起的局面。而且，如今（国民党）中央政府的财政困窘，以至公务员发不出工资的地步，其政府军何时会共匪化是谁也说不准的。今日之所谓胜利，对蒋介石来说是否只是黄粱一梦，实在是一个大大的疑问。特别是江西的共产大本营依然不动如山。政府的各支部队，名为政府军，实际上各有派系，并不统一，只是松散的联合，所谓剿匪并非易事。支那的忧患因此会越来越深吧。

这大概是国外比较难得的对第四次“围剿”和反“围剿”进行分析的文章，尤其它的实时性使其更具价值。然而，在这篇文章中也的确出现了一些令我们不明所以的名字，体现了当时日本方面对华情报的片面性。

国民党二十九军副军长佟凌阁

比如，国民党方面的指挥官中，“蒋光鼎”显然是“蒋光鼐”之误，而“何成溶”则是“何成浚”之误，之所以国民党方面公布的官员姓名都会搞错，关键在于他们的名字使用了冷僻的汉字，估计弄错的原因还不在日本方面。因为日本新闻和情报方面当时的习惯是，如果遇到中国人的名字中有日文不存在的生僻汉字时，则采用日语片假名代替，这个习惯一直延续到战后，比如邓丽君的“邓”字，在日文报道中便通常用发音近似的“トウ”表示。而国民党统治区的报纸则驳杂不堪，审校极为粗疏，这种把长官名字弄错的事很多，甚至有时只因为懒惰而不愿去改——反正当时没有错字罚奖金的制度，错就错了，您凑合着看吧。这种传统同样源远流长，以至于七七事变中二十九军副军长佟凌阁阵亡后，国民政府给的烈士证书（荣哀状）上竟然将人名错写成了“佟麟阁”，家属要求修改竟然无人去管，最后只好将错就错了。

而共产党方面出现的人名谬误更多，推测便真是情报不足了——不过，其中有些名字虽然陌生，却是被遗忘的风云人物，日方的新闻应该说给我们提供了一个回眸历史的机会。

今天，我们不妨来做一回历史的福尔摩斯，做一下校对员，这无疑是件有趣的事情。

日本新闻报道中出现的中国共产党及红军领导人包括下列这些：

朱德和毛泽东，人名无疑是正确的，但将他们列为红一军团的指挥员又明显信息滞后。朱德曾任红一军团第一任总指挥，毛泽东任政委，而这篇报道发布的时候，红一军团的指挥员如下：林彪任军团长，聂荣臻任政委，陈奇涵任参谋长，罗荣桓任政治部主任。

董振堂，文中为红五军团指挥官，彭德怀为红三军团指挥官，这些都是对的。

陈东山，文中为红六军团指挥官，就令人莫名其妙了。似乎红军中从无此人，但竟被与朱德、彭德怀、董振堂并列，又似乎并非完全虚构。他究竟是谁呢？查检红六军团的历史，这支部队系 1933 年才成立，不可能 1932 年就出现在江西。推测，文中所说的部队是“红六军”。红军历史上有多个红六军，此处所说的有可能是第一支红六军，所谓“陈东山”是其副军长陈寿山的讹传，但他活动的范围在湖北且 1929 年已经牺牲。可能性更大的是赣西南红六军，“陈东山”即其政治委员陈毅的讹传。有趣的是，1946 年陈毅有段佳话，以“登东山而小鲁”为儿子取名为陈小鲁，日本人在 1932 年是如何未卜先知的呢？

周建平，应为周建屏，红军第十军的创始人，这是一位 1923 年已经在滇军中担任旅参谋长的沙场老将，在红军中极有威望。之所以不为太多人所知，是因为他在战争中多次负伤，身体不好，1938 年便在晋察冀军区四分区司令员任上因旧伤复发病逝了。

孔荷宠，知道的人很少，但在红军中却是非常古怪的一个人物。此人资格极老，当过湘军，参加革命也早，担任过红十六军军长，却在 1934 年叛变，成了红军第一叛徒。抗战中他担任国民党军暂编第五十四师师长。红军叛徒不少，但到了国军中还能干正职带兵的，此人堪称独一无二，后因私造武器等罪名被罢免。新中国成立后，孔化名开办妇产医院，最终被公安部抓获，1956 年病死。说他 1932 年有四万兵力是夸张，但此人的一生写本书不成问题。

贺龙，关于他的描述只能说还不够，但大体没错。

段德昌知道的人就少了，但他曾经是贺龙部下的常胜将军。黄埔军校四期，和林彪是同学，红三军九师师长，1933 年在“肃反”运动中被杀，建国后被列入第一批烈士名单。

而另两个名字更为陌生，也更加不可思

“人民军队早期将领”系列邮票中的段德昌

贺英，便是《洪湖赤卫队》中韩英的原型，1933 年在战斗中牺牲

议，那就是和段德昌同列入贺龙部下三大将的“香姑”和“满姑”。

她们会被记录在日方的新闻中，完全出乎我们的意料。她们是红二方面军的两员著名女将。

“香姑”即贺龙的长姐贺英，小字香姑。“满姑”即贺龙的妹妹贺满姑，她和贺英都是出色的游击队指挥官，而且都善使双枪，只是她在 1928 年便不幸被俘，被国民党军杀害了。

推测，这里日本记者所说的“满姑”指的是贺龙的小妹妹贺戊妹，她和两个姐姐被称为贺氏三姐妹，也是优秀的红军指挥官，1933 年与姐姐贺英一起战死。

现在能记得贺氏三姐妹的人估计非常少，而能够回忆起《洪湖赤卫队》乃至“洪湖水浪打浪”的大约也要四十岁往上了。没想到在那个时代，异国的新闻报道中居然会出现她们的名字，可见她们当时的影响远远超出我们的认知。

那，或许可以算是一种别样的纪念了。

第五次反“围剿”还有第二个洋顾问

他是谁，何以对红军产生如此重大的影响

反观长征历史，很多人觉得红军丢失中央苏区和共产国际顾问李德的瞎指挥有关，但李德何德何能，竟让那么多优秀的中国红军将领不得不听从他的错误指示呢？他身后还站着一个隐藏在历史阴影里的人物。

第五次反“围剿”失败，红军被迫撤出中央苏区开始长征，一路上艰苦卓绝，损失重大，如果不是在陕北还有一块根据地可以落下脚，后果不堪设想。

这自然让很多红军将领们感到窝囊。

有句话叫作“秋后算账”，红军也不例外。一路打仗顾不过来，等到了陕北，特别是抗战开始后局势逐渐稳定，这秋后算账的念头也就越来越强烈了，目标直指一个人，这就是中国名字为“李德”的共产国际军事顾问奥托·布劳恩。

大家要跟李德算账是有道理的。自从李德 1933 年到达中央苏区，由于当时的中央负责人博古没有军事经验，主要作战方略几乎被他一手包办。这位据说毕业于伏龙芝军事学院的德国人全盘否定了红军此前成绩卓然的游击战术，先是“御敌于国门之外”，后是“两个拳头打人”，最后又来了一个“以堡垒对堡垒”，全都是以己之短击敌之长，修的碉堡据说最大的能装五百人。这样的碉堡让一个营的红军全部牺牲在里面，一个都没有出来，气得彭德怀大骂“崽卖爷田不心疼”。

饶是如此，长征初期，李德依然在军事指挥上有着极大的权力，直到遵义会议之后才逐渐淡出了决策中心。

这些都是大多数中国人耳熟能详的历史，李德的“顾问”给红军带来了巨大的损失。甚至说李德等人排斥毛泽东的正确军事方针，进而导致第五次反“围剿”失败都不为过。红军长征开始的三十万人最后损失百分之九十，全国党员三十万人也损失百分之九十。既然这样，当然要找他算账了。

目睹中国红军的危机，共产国际也在对李德的工作进行审查。1939 年 12 月，由负责审查的德国共产党员、共产国际执行委员会监委会主席佛罗林在莫斯科召开相关会议，对李德的问题进行了认真审议，周恩来、任弼时等也参加了会议。

这个会议据说开得十分火爆。

在会议开始后，尽管李德提交了检讨，但当时在苏联学习的原红二师政委刘亚楼仍然愤怒地指责李德作战指挥生搬硬套，给伏龙芝军事学院丢脸，是战场上的草包而且态度专横。其言辞之激烈，连周恩来都不得不向会议代表解释，因为刘亚楼的部队在战斗中遭到重大损失，因此他才会有这么大的反应。但周恩来也毫不客气地指出了李德在各个方面的错误和造成的损失。

李德则在整个审议过程中额头冒汗、面色苍白，不断为自己辩解。比如他坚决否认曾经辱骂过朱德总司令——刘亚楼说他骂朱总司令“老油子”，他说：“不，我说的是‘老头子’。因为我的中国话说得不好，被人听错了，我并不是骂人。”

与会各代表也对李德进行了激烈的批评，但会议的结果佛罗林还是和了稀泥：一方面承认李德有错误，另一方面又没有给他什么重大处分。李德，也就是奥托·布劳恩从此在共产国际不再受到重用，特别是不再让他接触军事工作。此后，他先是在《外语新闻》杂志担任编辑，而后成了一名翻译家。

年轻时的李德，颇为英俊，但他早年的经历更多和城市暴动与越狱有关，尽管其 1931 年毕业于伏龙芝军事学院，但却没有任何指挥成建制部队的经验，由他担当一个苏维埃共和国的军事顾问无疑是不适当的

在审议期间，李德曾向佛罗林用德语这样抱怨过："到中国当顾问，又不是我要去的，搞成那样更不是我有意的。造成那么大损失，怎么能都让我负责呢？他们中国的事，我本来就弄不懂，一开始我就说过，以后也一直说，我只是顾问，对于我的建议，你们可以听，也可以不听嘛！你们自己的事情，怎么能全推给我呢？搞坏了事就都骂我，我简直成了内奸反革命了……"

乍一听似乎是推脱责任，可仔细一想，又觉得其中并非毫无道理。

是啊，这样一个外行进行指挥，应该很快便显露出问题来。李德本质上是一个情报军官，就算有些从上海去的中共领导人同样不熟悉军事，红军中那么多有经验的军事将领，怎么会看不出他的问题来呢？李德在 1933 年进入苏区，他的指示基本是接二连三带来问题，既然他明确自己是一个顾问，为什么还能对红军的作战指挥保持如此巨大的影响力呢？他的威信何来？难道仅仅是共产国际特派员的身份就可以任其为所欲为？

细看红军第五次反"围剿"计划，也许事情并不是那么简单。初期的反"围剿"计划，也就是所谓"御敌于国门之外"的方针，粗看起来竟是十分有针对性。

让我们来看一看当时中央苏区的地图，以及红军与国民党军的动向。

蒋介石布置的第五次"围剿"，以中央苏区为目标，东为蔡廷锴（"闽变"后

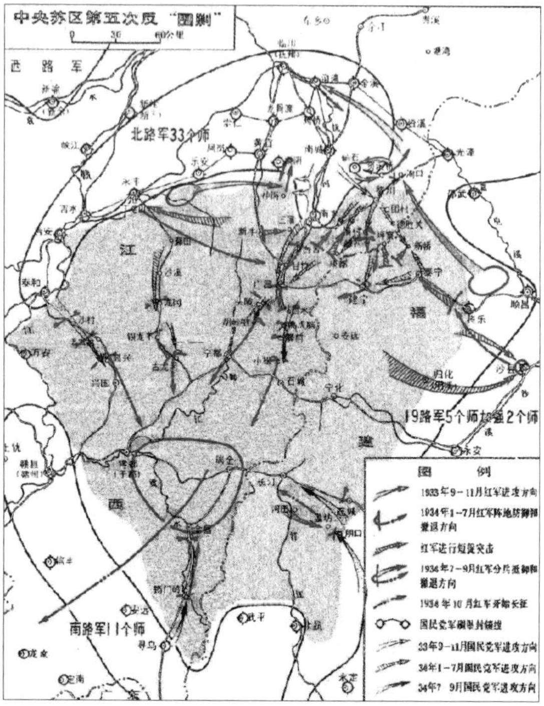

中央苏区基本是个不规则的四边形，但北面这里，却像是被虫子咬了一口一样，有一个凹进去的部分

改为蒋鼎文），南为陈济棠，西为何键，均采守势。真正发动进攻的是顾祝同的北路军，集中重兵自北向南压下来，目标直指苏区核心瑞金。所以国共双方都明白胜负肯定决定于北线。

北线国民党军又兵分三路，左右两路均为策应，真正的主攻兵团，也就是陈诚指挥的中路军，国民党军从中央苏区凹进的那一块，也就是临川、南城一带向南发起进攻。可以说，双方胜负决定于北线，而北线胜负则决定于中路。

临川这个地方颇有名气，王安石的“临川先生”便是由此得名。不过，此时这里和它南边的南丰却是国民党军第五次“围剿”的最重要的基地，陈诚的计划是由此向南，先攻占中央苏区北部门户黎川，接着直取瑞金北方锁钥广昌，一旦拿下广昌，瑞金便也唾手可得。

此后的战况也基本是按照这一设想进行的。

不过这个设想显然国共双方都看得很清楚，红军肯定不能坐以待毙。根据李德的建议，红军采取的措施是跳出根据地之外，向国民党占领区发起攻击。

当时国民党军数倍于红军，装备方面更是优势极大，这种强行出击让人觉得有些难以理解。但如果看其攻击目标，便会恍然大悟——当时红军的进攻目标，先是硝石，后是资溪，这两个地点大有可研究之处。

陈诚部队集中于南丰地区，这固然拉近了与目标瑞金的距离，但也陷入了一个突出部，三面都是红军，只有北面是个大门。硝石镇正是在突出部的大门旁边。1933 年 10 月，红军东路军发动进攻硝石的战斗，从地图上很容易看出来，这一仗如果成功，便可以和西侧红军会师，把陈诚的主力四面包围在南丰地区，陈诚部自然也就无法继续向根据地腹地进攻了，反而有可能被红军吃掉。

硝石战斗失利，但红军的战术没有改变，而是向更靠近北侧的资溪发起攻击。如果攻占了资溪，效果和攻占硝石差不多，只是包围圈大了一些而已。

如果这是苏联红军的一次大兵团作战，我们要说这不但不是愚蠢的战术，相反颇为可圈可点。甚至我们会怀疑，李德这样一个没有指挥过团以上部队作战的情报军官，怎么可能拿出如此战役规模的一个作战计划来？这个计划明显有苏联红军作战的特点，不似中国红军常用的战术。

原来，李德这个苏区的"太上皇"，自己还有一个"太上皇"，也就是第二个洋顾问。这个人，是懂得怎样组织大兵团作战的。李德在中央苏区的"顾问"工作，背后离不开此人的有力支持，而且，正是因为此人的身份特殊，导致红军将领对他和李德的军事指导难以轻易否决。

就像北伐战争派来一个加仑将军一样，苏联方面一直准备通过共产国际为正在苏区战斗的中国红军提供一名有经验的军事顾问，不过，这个人并不是李德。1933 年，共产国际任命原苏联陆海军人民委员特别事务协理军官格里高利·米哈伊洛维奇·施特恩担任驻中国的总顾问。

施特恩，是一个出生在乌克兰、罗马尼亚边境的犹太人，与李德同岁，却有着完全不同的军事阅历。他在一战中加入奥匈帝国军队，被俘后被押往西伯利亚。十月革命中他获释并于 1919 年参加苏联红军，曾担任团

加仑将军，即布柳赫尔元帅，孙中山及后来的国民革命军的军事顾问团团长，曾在建立黄埔军校和北伐战争胜利中发挥重要作用，给国共两党都留下深刻印象，是最成功的外国军事顾问之一

施特恩和红军第五次反“围剿”失利的关系很微妙，有意思的是很多人把他的经历和李德的经历混杂在一起，其实两人走的道路完全不同

政委、旅政委、骑兵师政治部主任（有资料曾指李德指挥过一个骑兵旅，大概是把施特恩在骑兵师工作的事情与之混淆了），先后参加了消灭高尔察克在远东的叛乱，击败活动于蒙古的恩琴男爵等战斗，骁勇善战，而且同样毕业于伏龙芝军事学院——毕业时间比李德早八年，有着丰富的理论知识。1933 年他受命到中国做顾问，1935 年被调回莫斯科。施特恩离开中国后的经历很丰富，曾担任苏联红军骑兵第七师师长，后来去了西班牙。马德里保卫战中著名的国际纵队十一旅旅长“克拉博尔将军”就是施特恩。他参加过苏芬战争及苏日间的张鼓峰和诺门坎战役，并于 1940 年获得上将军衔。不过，1941 年他也没有逃脱“肃反”的网罗，被逮捕入狱并屈打成招，作为托洛茨基分子被枪决（一说死于古拉格集中营），1954 年被平反昭雪。

其实红军对施特恩颇有期待，只是他迟迟未到中国，才导致李德获得了军事顾问的地位。事实上，施特恩到达中国并不太晚，1933 年 6 月他已经到了上海，不知出于什么原因，依然由李德在此后进入苏区，而施特恩则一直留在上海。按照级别，李德受施特恩的领导，毫不夸张地说中共的第五次反“围剿”很大程度上是受这位身在上海的军事总顾问施特恩的遥控影响。那么，这样一个履历明显比李德要好得多的顾问，对第五次反“围剿”又起了怎样的作用呢？

施特恩离开中国后对自己的使命讳莫如深，但依然透露出了一些蛛丝马迹。比如，他承认正是在自己的建议下红军主力进行了分兵，成立“东方军”，向福建方面进军。这一分兵的主要内容，是红一方面军实行分离作战，一部组成“东方军”入闽作战，另一部组成“中央军”在赣江、抚河间活动，创造会攻抚州、南昌的条件。而这一分兵，正是后来后患无穷的“两个拳头打人”战略的起始。进攻硝石、资溪的战斗，是由“东方军”实施的。那个“看上去很美”、试图把陈诚关进笼子里的作战计划，和这位施特恩将军在马德里、西伯利亚的几次作战颇为相似，那也是他比较得意的几次战斗。

然而，施特恩不是加仑将军，他的指导结果似乎并不美妙。攻硝石失利，攻资溪同样失利。

这个“看起来很美”的作战计划，在地图上看来颇有道理，但在第五次反“围剿”的实际作战中，却是完全脱离现实的。国民党军方面也对其进攻部队的位置、特点颇为清楚，预先在硝石、资溪等侧翼方向大量修筑坚固的防御工事。苏军作战的特点是遇到这样的状况会选择强行突破，二战中很多次血腥的战役便是这样打出来的。然而，这次“围剿”蒋介石动用了近百万军队，而红军不但总兵力仅约十万，且极度缺乏重武器。如果说苏联红军的特点仿佛碾压力极强的巨象，那么红军便如同一头灵活的豹子，这种情况下照搬苏军重装备、大兵团作战的方案，无疑只会导致失败。施特恩的经验在中央苏区并不适用。而他的分兵，即“两个拳头打人”的战略，造成“东方军”打得十分疲劳，而“中央军”则被置于无用之地，使红一方面军既不能集中优势兵力打击敌人，又失去了进行反“围剿”准备的宝贵时间。

纵观第五次反“围剿”的过程，两个洋顾问提供的方案，要么是试图通过一场消灭突出部的战斗解决问题，要么试图死守某一座要塞，都是毕其功于一役的军事思维。在这一点上，红军的领导人比李德和施特恩看得都要清楚。面对百万敌军的“围剿”，任何想一口吃个胖子或硬碰硬的打法都是不合理的，他们早就提出来，只有远、纵、深地甩开其主力，以大规模的游击战和运动战与其周旋，才有取胜的希望。然而，施特恩和李德的特殊身份，使其在很长一段时间里压制着红军指挥员们的正确意见，这其中，施特恩的地位显然比李德更高。

施特恩在苏军中也是颇负盛名的战将，为何会和李德一起对红军做出不切实际的指导呢？关键问题似乎有两个：第一，他此前的军事经验是在苏军中获得的，作战地域在辽阔的西伯利亚和蒙古高原，施特恩并不了解红军的装备情况和作战环境，对于江南地区的作战，他并不是一个很好的顾问；第二，担任中国红军总顾问期间，施特恩始终滞留于上海，从没去过苏区，距离如此遥远，即便是拿破仑也不可能打出胜仗来。

说到底，中国人的问题还要靠中国人自己解决，特别是靠深入实际的中国人来解决。当遵义会议后指挥权的问题得到解决，大家认识到了洋顾问不是哪一个都有加仑将军的水平，红军恢复了游击战和运动战的灵活战术，才终于从低谷中走了出来。这一改变，也改变了中国的命运。

1935年，施特恩黯然离开中国，显然他在这里的使命执行得并不好。由于他从来没有到过苏区，所以很多红军指战员甚至不知道他的存在，所以种种不满都指向了看得见的李德。施特恩离去后，也很少谈及自己在中国的经历，只是说他曾试图协助红军和“闽变”中的十九路军建立联盟，不过这一努力最终也归于失败。

看来，第五次反“围剿”失败，让李德承担所有责任是不太准确的，至少他的上级施特恩也该承担相当一部分责任。

那么，李德后来的命运如何呢？

苏德战争开始后，他利用自己德国人的身份，负责了对被俘德国军官的劝降——或许因为他曾经在亚洲工作过，此后他又负责过对日军战俘的劝降工作。

晚年的李德

战后，李德回到了他的故乡德国，此后主要从事对列宁著作的翻译，曾经担任过民主德国（即东德）作家联盟第一副主席。他在20世纪60年代曾撰写回忆录，其中包括在中国工作期间的内容，并在1973年出版，被翻译成中文、英文等多种文字。1974年，李德在保加利亚度假期间因病逝世，《纽约时报》还曾经刊载过他去世的消息。终其一生，他作为“李德”的知名度，远远大于他的本名奥托·布劳恩这个名字。

值得一提的是，可能由于施特恩后来在苏军中的地位，1939年对李德进行清算的时候，周恩来、任弼时等人并没有过多提及这位总顾问。应该说这次清算对李德或者施特恩个人命运的影响都不是很大。不过，共产国际的结论颇为耐人寻味，提出李德的错误在于不了解中国的情况，出了一些错误的主意。李德这样的顾问无权对中国共产党的事务做出决定。中国共产党作为一个独立的国家政党，对于顾问的意见可以采纳，也可以不采纳。这一点，实际上体现了共产国际对于中国共产党更多的尊重，此后红色中国选择自己的道路，也少了更多不该有的干扰。此后，共产国际也再没向中国派出过施特恩或者李德这个级别的顾问。

跟着红军喝“龟壳汤”

——传教士薄复礼的长征回忆

“他们是受欢迎的……是的。有的时候，他们会被恶意地看待，不过这应该是因为居民们曾经接受了（国民党）政府关于‘赤匪’颇为恶毒的宣传，当人们一旦看清红军是怎样对待他们的时候，（红军）总是受到欢迎，这是毫无疑问的。”

1936 年 4 月，刚刚被红军释放的勃沙特

当对鲁道夫·勃沙特即薄复礼的采访，在英国皇家战争纪念馆网站公布出来，很多人第一次听到了这位传奇人物真实的声音，听到了他本人对于中

国红军和长征的记忆。

这次采访的时间是1986年，回忆起五十年前的往事，勃沙特的声音虽然略带沙哑，但表达依然清晰准确。

英国传教士勃沙特年轻的时候可是个帅哥

在中国人中，勃沙特这个名字并没有多少人知道，“薄复礼”也多半被人忘却，但要说起唯一跟着红军走了五百天长征的那个外国人，很多人便会想起这个英国传教士来。

1934年秋，奉英国内地教会派遣，在中国西部传教的勃沙特一行和西征湖南的红六军团遭遇。经过一番审问，队伍中的妇孺被释放，而勃沙特和海曼两名神父则被以“间谍嫌疑”扣留。实际上，处于困难处境中的红军是试图利用他们特殊的身份获得宝贵的物资。勃沙特回忆，红军主要希望通过他们换取经费、医药品和电讯器材。由于种种原因，这一要求没有得到英国内地教会积极的回应。于是，两人便成了红六军团长征途中奇特的参加者和见证者。中途，海曼由于健康原因先被放回，勃沙特则又跟着红军走了一段时间，直到1936年4月12日才被释放。

令人意外的是，红军释放勃沙特的时候并没有坚持曾提出的条件，无论物质上还是名义上都毫无所求地释放了他，而他也在离去的时候和很多队伍中的中国人成了朋友——包括红军将领、士兵们，也包括同样被红军抓住的国民党将军和军医。

回到英国以后，勃沙特曾专门写了《神灵之手》一书，描述与红军共处的时光。尽管与红军相处的时间里失去了自由，而且物质条件十分恶劣，但勃沙特却

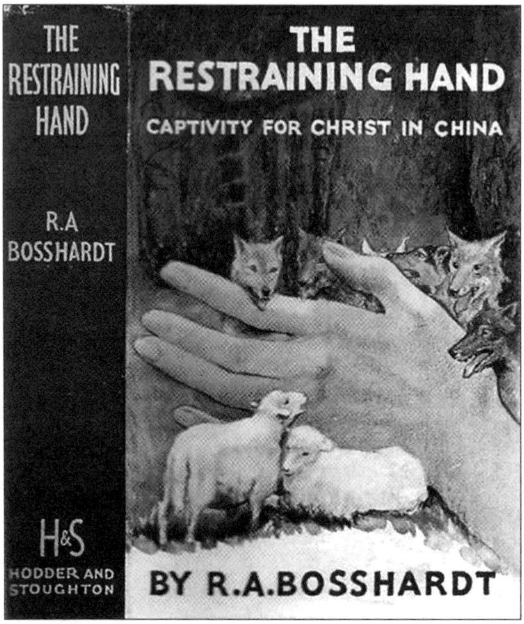

早期版本的《神灵之手》

在著作中较为客观公正地评价了这支军队，这成为外界了解红军的第一本可信作品，比斯诺的《西行漫记》还要早一年左右的时间。

在这部著作中，他并没有掩饰自己在失去自由的时间里如何凄惶和担忧，也没有掩饰他和红军中的朋友、红六军团军团长萧克将军之间的激烈分歧——萧克忠告他在当时局势下离开中国为上，不过也欢迎他在中国旅游、开办学校，只是不同意他继续传教，因为在这位红军将领看来，这纯属是对老百姓宣扬迷信，进行欺骗。而勃沙特则是一个顽固而忠诚的基督教徒，坚决不肯接受这个忠告。1941 年，他重返贵州继续传教，直到 1951 年离开中国。然而，他却坦诚地称颂了红军的理想主义和严格纪律，认为他们是充满朝气的人。这些客观的描述，让国际上的很多人重新认识了这支队伍。

萧克将军晚年曾经通过我国驻英使馆与勃沙特再次取得了联系。当勃沙特的《神灵之手》再版时，这位红色将军还为他写了序，为一段半个世纪前的缘分续上了友好的篇章。

然而，很少有人注意到，除了《神灵之手》这部书，勃沙特晚年曾多次就跟随红军长征这件事接受过多位记者的采访，其中包括了路透社的著名记者安托尼·格雷，而他被扣留期间的同伴海曼的回忆录，也在 2010 年 6 月由女作家安妮·布雷迪整理后得以出版，侧面证明了很多勃沙特回忆的内容。在这些新的记

努力组织医生救治勃沙特的红六军团军团长萧克，时年二十六岁

录中，勃沙特的回忆依然保持着原有的态度，只是变得更加丰满和充实。采访中不时夹杂着勃沙特放松的笑声，让我们感到这位老人在步入晚年之际，仍有着一颗年轻而坚韧的心脏。

我们也正是通过这些采访的内容，才知道在长征中，红军和这位传教士之间曾发生过许多意想不到的事情。

比如，勃沙特曾轻松地谈起了红军给自己治病的经历。

“我躺在那里，微微翕动眼皮，却听到门口两个卫兵轻声地议论着：‘喂，他死了吗？’”勃沙特是笑着说出这段话的，似乎对当时两个年轻红军探头探脑的狐疑感到颇为有趣。

实际情况要严酷得多，勃沙特当时的确曾经重病垂死。长征途中的环境十分艰苦，尽管红军已经尽力照顾勃沙特的食宿（比如看到他腿疼不利行走，便给他拨了一匹马），但成长于欧洲的他对于艰辛的红军军旅生活仍然难以适应，他曾多次生病，包括疟疾和热病，甚至有一次难受到要求卫兵给自己一枪。

偏偏这时候红军还不能释放勃沙特，因为他帮助红军辨别地图，对于红军的军事行动颇为了解。于是，不断给勃沙特治病，便成为红军必须要做的事情了。只是以红军的条件，治疗的手法自然不拘一格，于是，这种认真但又千变万化的医疗，便成为勃沙特记忆中难以抹去的内容。

这本来应该是一个令人痛苦的过程，但经过勃沙特的描述，颇有几分啼笑皆非之感。

给勃沙特治疗的是一名被俘的国民党军军医，他平时行军的时候和勃沙特走在一起——他们这个小队都是受到优待的被俘者，包括一名将军（推测是国民党第四十一师师长张振汉中将）、两名医生、两名机械师和几名其他军官。技术工作者在红军中明显有更好的待遇，包括这名医生，他的医术很好，而且通晓英文和德文——他不懂得法文，所以当红军缴获到一张法文地图的时候，他无能为力，唯一能给萧克将军帮上忙的，只有勃沙特。这名军医除了给大家看病以外，还有两项职责：一旦缴获了什么西药，他就要负责辨认；给红军培训卫生员。

他的医术值得信赖，但药品太少，这些药物只有最需要和最重要的伤病员才能使用，而勃沙特显然被列入了“最重要”的行列。尽管如此，队伍转战贵州的时候，就连勃沙特也无法得到有效的药物了，因为当时的贵州实在太落后，有钱都没有地方能买到西药。勃沙特曾记得当时病痛之中有个红军送给他一个橘子吃，这是当时红军最奢侈的食物了。

还有些特殊药物是有条件要上，没有条件也要上了，比如海曼有一次胃痛如绞，一名陈姓军官给他服用了一点叫作“救命水”的东西，便很快缓解过来，一时让传教士们感到十分神奇。然而，当得知“救命水”实际是稀释的鸦片水，弄不好便会出人命时，两人又不禁倒吸一口凉气。

长征期间，红军在贵州听到当地一个传说——某地闹虎患，将农家的一匹马咬死并吃掉了一半。马在当地可算是地主家最珍贵的财物了，愤怒的主人索性将剩下的马肉浸入鸦片水，专等老虎上门。第二天，再来饱餐的老虎吃了这“注水肉”，一阵发狂之后便翘了辫子。

老虎都能毒死，何况人乎，这显然是一种无奈的危险疗法。

治不同的病当然不能全靠“救命水”。于是，一直在传教中同时努力推动西医普及（这在当时被认为是正确和先进的）的勃沙特，便不得不面临一个让他毛骨悚然的难题——那名军医为了他的健康，为他开出了中草药。

“我不知道他们给我吃的是什么，也不知道吃了到底是好还是坏。”勃沙特说得十分无奈。

事实上，他曾记录下自己所见的“药物”，他看到的是柳树皮、蒲公英、橘皮、龙眼树叶（可能是枇杷叶）、蝉蜕、蛇胆，甚至还有龟壳！

今天如果招待欧洲人吃饭，一般来说，鱼和虾都要去掉头，肉最好不要包括内脏，狗肉当然更不能上桌，否则对方可能无法下咽。可以想象，对于一个当时的欧洲人来说，用蛇胆、龟壳这些东西治病，他们的不适应会到何种地步——勃沙特便曾经认为用草药治病和让巫师来跳舞没什么区别。只是就他的处境而言，这又没有拒绝的道理，勃沙特只能硬着头皮把这“乌龟壳的汤”喝下去了。

尽管硬着头皮，但勃沙特能够感到红军是在努力救治他。因为他看到红军的官兵们也是在用这些草根树皮治疗自己的疾病，而且熬制这些草药常常需要五到六个小时的时间，这对于一支在行进中的大军来说，是很麻烦的事情，但红军总会尽最大努力为他准备药物。

更重要的是，这药喝下去，还真是蛮管事的。

就这样，尽管勃沙特被释放的时候身体状况并不太好，之后不得不休养了几个月，但他毕竟跟着红军走了五百六十天，一共走了一万九千多里。如果背后没有这“龟壳汤”撑着，只怕也是办不到的。那样，也就没有五十年后接受采访的事情了。

写到此处，忽然忍不住叹惜，可惜勃沙特是个虔诚的教士，如果这家伙是个利欲熏心的医药代表，会不会在那个时代掀起一阵中国向欧洲出口中药的热潮呢？

可惜，历史不容假设。

生生死死战未休
——从黄克诚大将的经历看红军长征

黄克诚

黄克诚，湖南省永兴人，开国大将，曾任副总参谋长，早在1923年于湖南第三师范读书期间便开始从事革命工作。他为人正直，在战争期间和和平年代都曾为党和国家做出突出贡献，是卓越的无产阶级革命家。作为红一方面军的一名军政指挥员，黄克诚大将参加了长征，并以回忆录等方式详细记述了长征中经历的种种磨难和考验。追寻黄克诚大将的长征脚步，或许我们能真正领会到为何很多红军将领谈到长征会称自己为“幸存者”。这实在是一场为了理想牺牲重大的远征。

1934年12月1日黄昏，冬季的湘江如一条带子从广西界首的山脚蜿蜒而下，却比往日多了一点异样——平时澄清的江水变成了红色，不时有人和马的尸体及各种辎重被从上游冲下来。

江边的山麓上，有一片已经千疮百孔的阵地，炮弹剖开地表，把苍翠的山峦染成了灰黑色，已经弹尽力竭的红军指战员仍在这里拼死坚守。而就在这片阵地上，战斗间歇中一场激烈的争论正在两名红军将领之间进行。这两名将领，便是红三军团第四师师长张宗逊和政委黄克诚。

黄克诚在红三师的搭档张宗逊

他们争论的焦点是——现在部队何去何从，要不要撤。

张宗逊认为，上级给我们的命令是固守此地，没有新的命令下来之前，我们必须在这里坚持下去。而黄克诚的见解是我师任务为掩护中央纵队渡过湘江，12 月 1 日下午，轻装前进的中央纵队终于从界首渡口完成了渡江，任务已经完成，因此不应该继续滞留此地，必须尽快撤离。

周围敌情险恶，作为一名优秀的军人，张宗逊也嗅出了空气中危险的味道，甚至他也感到上级可能并非没有新的命令，而是通讯人员可能由于险恶的战况而未能抵达一线阵地。但第五次反“围剿”作战中红军总顾问、共产国际代表李德的那一套呆板的战术一向要求红军不惜代价、死打硬拼，给一线指挥官的自主权越来越小，动辄便会被扣上“右倾”“动摇”的帽子，所以他对此时是否撤退难以下定决心。以张宗逊刚烈的性格，宁可战死沙场，也不肯被扣上这样的帽子。

他们此时的位置在湘江的南岸，此时，红军长征中最惨烈的湘江战役正进入尾声。1934 年 10 月，中央红军在第五次反“围剿”中损失惨重，被迫开始长征。蒋介石判断出了中央红军前往湘西会合红二、红六军团的意图，遂紧急调动各路大军围追堵截，试图一举消灭红军主力。在连续突破四道封锁线之后，红军在湘江撞上了国民党军重兵构筑的防线，一场血战就此展开。

为了掩护中央纵队过江，红三军团第四师在界首附近的阵地上已经死守了两

红军时代的黄克诚（最高处者）

天两夜。几个小时前，师参谋长杜中美牺牲在阵地上，此前第十团团长沈述清刚刚阵亡。敌人正从四面八方涌上来，红四师仅存的不足两千名官兵生死已在一线之间。关键时刻，深知张宗逊性格的黄克诚摘下了他那副深度近视镜，道：“你迅速指挥部队撤离，去追赶主力，一切责任由我承担。”

在红军部队中，政委有最后的决定权，黄克诚通过行使这一权力，把责任揽到了自己的身上，使红四师得以避免被歼灭的危险。不久，在龙胜县境的两河口阻击战中，黄克诚再次行使这一权力，并让师政治部主任张爱萍带领一支部队先撤走，交替掩护师主力撤出战斗。事实证明这两次的决策十分果断、正确，湘江战役中，在另一翼阵地上执行断后阻击任务的红三十四师因为后撤得稍缓，遭蒋军合围而全军覆没，师长陈树湘重伤而死。在两河口，国民党军两个主力师和一个主力旅如两把大钳子已剪向红四师的两翼，却因为红军的及时撤离而扑了个空。

当几十年后我们追寻湘江血战的痕迹，不禁被黄克诚敏锐的战场感觉所折服，同时，也能感到他下定决心时心中的痛切——他不愿再失去一个搭档了。

在此前的一年时间里，担任红四师政委的黄克诚已经换了三个师长搭档了。

和他搭档的第一个师长是张锡龙。1933 年 12 月，刚到红四师仅半个月的黄克诚参加了黎川以南的团村战役。此战红三军团歼灭敌军一个师，但却失去了红四师师长张锡龙。黄克诚在回忆录中写道：

我和张锡龙来到阵地前沿察看地形，选择攻击地点。在我们侧面不到一千米的一座山头上，驻有一股敌人，但当时我们并没有发觉。我们两个人举着望远镜看地形，又是站在高处，过于暴露，被侧面山上的那股敌人发现了。敌人用机枪对准我们扫过来，一颗子弹正打中了张锡龙的头部，子弹从张锡龙的头部穿出之后，又打掉了我的眼镜。眼镜一掉，我就什么也看不清楚了。我赶忙蹲下身去摸眼镜，手刚触到眼镜，还没等捡起来，就听到张锡龙在一旁发出呼噜呼噜的声响。我捡起眼镜一看，已被子弹打坏，忙掏出身上的一副备用眼镜戴上，定睛一看，张锡龙已牺牲了。

和黄克诚搭档的第二个师长是洪超。1934 年 10 月，中央红军开始长征时，红四师担任红三军团的先头部队。黄克诚和洪超率红四师离开于都后，奉命向南疾进，在信丰一线苦斗陈济棠部，将其击溃，于 10 月 21 日突破了敌人设置的第一道封锁线。但师长洪超不幸于此役牺牲。

张锡龙是四川人，毕业于莫斯科步兵学校，军事素养很高。黄克诚回忆，他的枪法尤其好，可以抬手用枪击中飞起的麻雀；他每天早晨五点钟准时起床学习，精力相当充沛，是位才德兼备、英勇过人的红军指挥员。洪超是湖北人，十几岁就参加了红军，曾参加过南昌起义，他的性格张扬过人，是唯一敢在彭德怀元帅面前策马奔驰的爱将，作战勇敢顽强，无坚不摧，也是位身经百战的指挥员。两人的牺牲都可说是红军的重大损失。

张宗逊是黄克诚在红四师的第三个搭档……

实际上，两人这次搭档的时间也不很长。遵义战役中，张宗逊负伤，黄克诚负责整个红四师的作战指挥。一年之内三易师长，充分说明了红军长征前后战争的惨烈。

黄克诚大将走过的长征路线，是我们谈长征时最典型的路线，即从江西出发，渡过湘江到达遵义，四渡赤水，巧过金沙江，穿越彝族区，飞夺泸定桥，而后翻越雪山，穿过草地，到达陕北与红十五军团在吴起镇会合。几乎长征中每一个重要的场景，他都曾经历。但是在黄老的回忆录中，却很少对这些大场面进行回顾，而更多的是对一个个战友的追忆。

对于黄克诚来说，张锡龙和洪超两位搭档的牺牲，只是逝去战友名单的开头。遵义城下，他的一位好友也是长期的上级领导人壮烈牺牲，这就是红三军团参谋长邓萍。邓萍是一名年轻但精力充沛、热情很高的红军指挥员。他和黄克诚曾在红三军团和之前的红五军中长期共事。1932 年在红五军时，邓萍任军长，贺昌任政委，黄克诚任政治部主任。邓萍多才多艺，军部的一幅马克思的画像就是出自他手。贺昌和黄克诚平素都激情澎湃，黄克诚不时的“右倾”言论，常引发与贺昌之间的争吵，而争吵归争吵，一打起仗来三人便珠联璧合，如臂使指。对黄克诚来说，这是充满激情又颇为愉快的一段日子。

邓萍是在红军攻打遵义城的时候牺牲的，当时敌军已经被击溃，他和第四师政治部主任张爱萍在位于河边的前线指挥所用望远镜观察敌军溃退的情况。

张爱萍回忆：

他在这个山头上看，我就在（他）下边躲着看，指挥部队过河。突然枪一响，邓萍一下倒在我的肩膀上。开头我没管他，我说你搞什么鬼，把他的头甩过去，血一下子就冲到我身上……

原来，一颗流弹击中了邓萍的头部，他已经牺牲了，年仅二十七岁。

黄克诚他们把邓萍葬在了遵义城边。在遵义城中，黄克诚找到了一批国民党方面的报纸，才知道留在中央苏区的老战友刘伯坚等也已经遇难。当时他忍不住想，贺昌会怎么样呢?

贺昌的消息很长时间不为人所知。他与妻子，今天已经百岁的红色特工女杰黄慕兰被视为红军中的金童玉女，但黄慕兰同样很久不知道丈夫的情况。

直到很久以后人们才知道，红军开始长征后不到半年，贺昌就在江西会昌河畔遭国民党军伏击，与时任赣南省委书记的阮啸仙等一起壮烈牺牲了。

黄克诚一生戴着一副高度近视镜，长征中几乎成了他的软肋

黄克诚自己也在长征中经历了一次次危难。1935 年 2 月 28 日，国民党军对攻占遵义的红军发起猛攻，黄克诚率已经被缩编为红军第十团的第四师死守城郊制高点老鸦山，以两千五百余人的部队与周浑元、吴奇伟纵队苦战。激斗中张宗逊再次负伤，参谋长钟伟剑战死，黄克诚亲自指挥一挺重机枪与敌死战。幸好，陈赓率领干部团及时赶到，配合红一军团包抄敌后，打垮了敌军。敌军被一直追到乌江边，被俘的就有三千多人。在会理会议后，因敢提意见而遭到误解的黄克诚调任侦察科长。高度近视又丢了眼镜，黄克诚这个侦察科长，当得异常辛苦，经常遇到险情。有一次，他去搞侦察，竟然误入了敌人的机枪阵地，遭到敌军攒射，差一点被敌人打死。但后来，他却不在意地回忆说："敌人好几挺机枪一齐冲我开火，居然都没有打中，我还是活着回来了。"

一次次目睹战友的牺牲，一次次身历险境，使黄克诚异常珍惜身边的每一位同志。长征后期，他担任军事裁判所的所长，当时斗争残酷，军法无情，但黄克诚总是想方设法为可能受到惩罚的同志开脱，即便因此受到申斥也不后悔，因为他认为经过长征的指战员都是忠诚的革命种子，每一颗都是宝贵的。

而长征的历程，也是黄克诚大将目睹一个个战友从绝境中杀出重围的过程。

就在遵义战役中，娄山关大战之际，黄克诚的战友，第十二团政治委员钟赤兵和作战参谋孔权身负重伤。两人都是腿部中弹，伤势严重，当时只能截肢。然而，这种艰苦的条件下，医生认为不具备手术条件。按照规定，卫生部门决定将一批不能随军一起行动的重伤员就地寄养起来，其中便包括了钟赤兵和孔权，大家对他们的安全都很担心。

因为四面皆敌，长征中的红军伤员常常面临悲惨的命运。在川西的金川、炉霍、甘孜等地，长征中红四方面军有两千余名伤病员和护理他们的女战士在含泪送走了远行的战友后，痴痴地等待主力红军建立根据地后，能再回来接他们北上。结果，战友没等到，来的是当地的土匪、国民党军队。红军伤病员大多被残酷屠杀。红军女护士，有的被杀害，有的则被奸污后被贩卖，也有些手拉着手，决绝地跳进了湍急的金沙江……

钟赤兵性格刚烈，他很清楚将要面对的是怎样的命运。黄克诚回忆，钟赤兵在没有麻药的情况下，硬是咬紧牙关锯掉了一条腿（因为感染，先后锯了三次），而且说什么也不肯留下来，谁来劝说也不听，并且还拔出手枪来要拼命。这样，组织最终决定将他抬在担架上和主力一起走。

这样的重伤，钟赤兵却创造了奇迹——由于年轻，身体强壮，他恢复得很快，不久后竟然就能骑马，用一条腿翻上翻下，跳跃自如，一直坚持随军到达陕北。1955 年，钟赤兵被授予中将军衔。

孔权则因为伤势太重，被迫留下，和部队失去了联系。黄克诚等人都以为他牺牲了，没想到新中国成立后却接到了这位老战士的来信，才知道他虽然残疾了，却依然活了下来。激动的黄克诚将他的信转交有关部门，希望根据他的希望分配一些力所能及的工作。最终，当年的红军战将孔权成了遵义纪念馆的第一任馆长，在那里陪伴着逝去的战友，向人们宣讲他们的事迹。

这件事对黄克诚触动很大，以至于几十年后写《黄克诚自述》的时候，仍把这两人的事迹详详细细地记入其中。

其实黄克诚自己也改变了很多战友的命运。在红军开始长征前，尽管关于大转移的安排一切都是秘密进行，但对战略感觉敏锐的黄克诚依然嗅到了不祥的空气。一天，他在《红色中华》上读到了张闻天的署名文章《一切为了保卫苏维埃》，立刻意识到长征即将开始。黄克诚当即赶到部队医院，努力动员一批能行动的伤病员返回部队，使他们能够跟随主力参加长征。这些人大多是黄克诚的老部下，是久经考验的优秀干部。结果，他们大都在长征中经过艰苦跋涉到达了陕北根据地，投入新的战斗。而留在中央苏区的伤员，很多没能得到归队的机会。

这批因为黄克诚的原因得以保全的干部，如果列一下名单会吓人一跳。

甘渭汉，原红三军团供给部政治委员，在第五次反“围剿”金溪战役浒湾战斗中负重伤。长征途中任第五师第十四团政委，到达陕北后任西北革命军事委员会后方政治部组织科科长。抗日战争中任八路军第一二九师第三八五旅政委等职，解放战争中在豫北、安新等战役中屡立功勋。1955 年被授予中将军衔。

甘渭汉中将

张震，原任第四师第十团三营代理营长，在驿前战斗中右臂重伤并发疟疾，长征中率部参加了掩护中共中央机关、军委纵队在界首渡过湘江和“四渡赤水”等作战。到达陕北后参加直罗镇战役并任红十二团参谋长。抗日战争期间担任新四军第四师参谋长等职。解放战争中任华东野战军第二纵队副司令员，先后参与指挥了莱芜、孟良崮、淮海等战役。1955 年被授予中将军衔，2015 年 9 月 3 日，一百零一岁的张震将军因病在北京逝世，是最后一位离世的开国中将。

张震中将

钟伟，都梁所著长篇小说《亮剑》中丁伟的人物原型，被称为“中国的巴顿”，他亦为李云龙的主要人物原型之一。原红四师第十二团政委，在万年亭之战中负伤。长征

钟伟少将

长征到达陕北的黄克诚（中）

到达陕北后任红十五军团第七十八师政治部主任。抗日战争时期任第十旅副旅长等职，解放战争中任东北野战军第十二纵队司令员，屡立战功，1955年被授予少将军衔。

如果不是黄克诚匆忙将他们带上长征的征途，他们的人生便可能走向完全不同的方向。

长征是一段异常艰苦的征程，战友之间的一点相互支撑，就显得弥足珍贵，都足以成为彼此生命的支撑点。过草地的时候，部队断粮了，饥寒的黄克诚发现前面有一个人拄着木棍，步履蹒跚。黄克诚发现这原来是原红三军团后方留守处主任张平凯。张平凯告诉黄克诚，自己因为有病，掉队了。

草地行军十分艰难，今天掉队，明天便意味着可能失去生命。黄克诚看到老战友的样子，不容分说马上派人找来卫生员给张平凯看病，并对他说："今天已经这么晚了，你先在我这里住一晚上，明天再追赶队伍。"

黄克诚此时也在挨饿，但他的干粮袋里还有一块珍藏很久、一直舍不得吃的獾子肉。此时，他却把它拿出来，加上点豆子，让人给张平凯煮了吃——他有经验，只要帮张平凯撑过这个艰难时刻，将来又是一条好汉。张平凯很过意不去，因为他知道，在这松潘草地上根本搞不到粮食，没有谁能吃饱肚子。他对黄克诚说："把你的粮食吃了，你该饿肚皮了。"黄克诚一边让人端给他吃，一边和他聊起 1932 年两人并肩作战时的事情。不知不觉，两人仿佛忘记了饥饿，开始憧憬明天。"我相信只要坚持，草地一定能过去。"黄克诚说。

两个人和战友们相互扶持着，果然走出了这片吞噬了无数红军战士的险恶之地。张平凯后来曾担任志愿军前线后勤指挥部副政委兼政治部主任，1955 年被授予少将军衔。黄克诚也胜利走完了长征，并很快被任命为红军总政治部组织部长，开始了新的战斗历程。

黄克诚回忆着长征到达陕北根据地的一幕，那是在 1935 年 10 月 19 日，这一天，他们到达了陕北革命根据地的吴起镇，当看到陕北红军张贴的标语和苏维埃的布告时，他感到十分亲切、兴奋。

然而，战斗一直进行到了最后一刻，就在吴起镇，敌军一支骑兵追踪而来，后遭到红军迎头痛击，被击溃逃走。只是，黄克诚在回忆录中写道：

> 我第十团团长黄珍于此役牺牲。至此，中央红军主力历时一年，纵横十一个省，行程二万五千里的长征，宣告胜利结束。此时中央红军主力只剩下六千多人。

而正是这些珍贵的种子，在十几年后，建立了新中国，这正是他们那些倒在长征途中的战友们心中的梦想。

在黄克诚大将的眼里，长征有着特别的意义：那是一座逝者的纪念碑，记录着一个个曾经鲜活的生命如何凋谢，他们都是曾与黄克诚大将亲密无间的良师益友；那是一道记忆的铁索桥，记录着一个个战友怎样从不可能的绝境中穿过，走向新的战场。

这又何尝不是每个走过长征的红军老战士共同的心声呢？

智败川军“小诸葛”
——大渡河之战再考

先夺安顺场，后攀泸定桥，红军的大渡河之战已经是古今战史上一段不可磨灭的经典。有意思的是，如果仔细追寻双方作战的过程，又会产生一种感叹——和红军作战的川军各路将领，居然个个都是会打算盘的“小诸葛”，并且在大渡河畔也纷纷表现出了他们狐狸般的狡诈，可惜，遇到了棋高一着的红军，“小诸葛”们最终还是铩羽而归，只好眼看着红军北上继续长征。

关于大渡河之战，最为人们耳熟能详的，便是飞夺泸定桥。然而，笔者 2004 年去泸定桥采访的时候，处身现场，却对飞夺泸定桥感到一些不可思议。按照传统的说法，红军小分队，在机枪的掩护之下沿着桥面冲向对方，桥是铁索桥，对面的国民党军已经把桥面的部分木板破坏了，于是红军就攀着铁索爬过去，一边爬一边打，最后冲到了对面。这实在是一个传奇的场面。而另一方面，当我到达泸定桥的时候，看到泸定城一侧那个桥亭子上面连一个子弹的弹眼都没有。如果这里曾有一番激战的话，似乎应该有些痕迹吧，但是什么都没有。

我把这个疑问向守桥的工作人员提了出来，人家乐了，说如今这座桥亭子可不是当年红军打的那个亭子了。这个亭子是 1976 年重修的，这段重修还有点故事可言。在 1975 年的时候，有一支人民解放军的部队来泸定桥凭吊红军当年强渡大渡河的遗迹。当时可能部队的指挥官一时疏忽，居然命令部队齐步走过河，结果

安顺场老照片

与桥产生共振，走到桥中间的时候，铁索桥竟然断了链子。幸好过桥的解放军部队训练有素，所有人员都抓住了旁边的链子，没有一个人掉到河里去。由于当时桥出了问题，于是就在那一年对泸定桥进行了翻修，同时也对桥亭子进行了翻修，因此我们在这里已经找不到当年泸定桥激战的痕迹了。

当地的文史工作者还和笔者谈起了一个此前从未被提及的话题。红军渡过大渡河之后，薛岳等国民党追兵还在后面紧追不舍，红军最后怎么处理的泸定桥呢？红军有没有把泸定桥毁掉呢？

答案是没有，红军不愧是一支仁义之师。面对这座三百年的古桥，他们首先考虑到两岸人民交通的困难，所以没有毁掉泸定桥。但是也要考虑到敌军追兵过来怎么办？如果他们顺利过桥，红军也面临着全军覆没的危险。第九军团的政委何长工想出了一个好办法，他下令把全桥十三根大铁链子中最粗的那四根锯断了，别的都保留，这样老百姓可以过，但国民党军队带着辎重就过不来了。红军走了以后，薛岳没法过桥，气得火冒三丈，最后只好花了几周的时间修了一个竹木桥才勉强过河，但这时候红军已经远远地把他们甩开了。

看来大家耳熟能详的历史背后，还有很多值得探寻的故事。这件事情引发了我的兴趣，于是我对红军在大渡河的战斗进行了一番探寻，结果发现，红军和川军的这群“小诸葛”们的斗智斗勇，竟然精彩迭出，有些情节令人吃惊。

整个大渡河战役的序曲，是一场小得没有伤亡的战斗。中央军红军先遣队，化装成国民党中央军的杨得志团在1935年5月24日顺利通过彝区，飞速赶到离安顺场渡口约六十里的擦罗小镇，将其拿下。驻守擦罗的只有几十个民团，被全部缴械，红军无一伤亡。

擦罗虽小，却是四川军阀刘文辉的一个重要粮食仓库。刘文辉本来计划将其转移，但是红军的进军实在太快，他还没来得及做转移的部署，红军就通过了彝区，到达了擦罗！

红军在此处缴获了多达二十万斤大米和其他粮食，每个士兵都把自己的米袋（米袋可以装五天的粮食）装得满满的，带不走的就全部分给了当地的农民。贫苦的农民们自然非常高兴，刘文辉的损失可就惨重了。

毛泽东、朱德等人到达擦罗以后，看到这个胜利也很高兴，但是心情仍然很沉重，因为红军的形势仍然非常严峻。确切地说，红军到达大渡河的时候，局势相当凶险。

红军是通过川滇黔三省交界的彝族区到达大渡河畔的。中央红军从苏区出来的时候有八万多人，经过湘江血战之后还剩下不到三万人。由于民族政策做得好，红军行军迅速，没有在彝区耽误一点时间，这一点大大强于当年的石达开。虽然顺利经过了彝区，但是红军的危险并没有减轻。在蒋介石的严令下，川军各部已经抢先占领了大渡河附近的各大渡口，而薛岳的十万追剿军也靠近了彝族区边缘的冕宁，很快就会通过彝区，赶到汹涌的大渡河沿岸。十万国民党中央军离红军不过只有四五天的路程。按照蒋介石的计划，前后堵截，大渡河附近就是全歼红军的最好战场。

敌众我寡，红军如果这个时候和敌人展开决战的话，后果不堪设想，唯一出路就是突破大渡河，杀入四川腹地，再转而与红四方面军会合。关键问题就是大渡河能不能过得去。

大渡河流域是一个“L”的形状，最后和岷江交汇。红军渡河地区在“L”的一竖处。红军是沿着左岸靠近大渡河的，需要越过大渡河到达其右岸。大渡河的水量特别丰沛，达到什么程度呢？在红军渡河的安顺场，水深达三十米，和世界最大的淡水湖苏必利尔湖相等，所以在这个地方架桥是很困难的，而且水从上游下来的时候，因为海拔落差比较大，所以就像半个瀑布一样奔流而下。这种情况之下，加之对岸还有敌军在阻截，红军怎么能够渡河呢？

水流湍急的河流，往往越向上游的地方越险，越不好渡，下游河面则宽阔一点，相对来说水流舒缓，好渡一些。

同样，在大渡河也有上、中、下三处可以渡河的地方：下游渡口渡河是最容易的，渡口富林的对岸叫作大树堡；中游的渡口便是红军进行大渡河强渡的第一个战场——安顺场；除此之外再想过河，就要到安顺场上游将近三百里的泸定桥了。

所说川军将领都是“小诸葛”，他们也分析出了富林过河最容易的结论，所以布防偏向下游。杨森的二十军，在大渡河下游的富林、大树堡等地，与宿敌刘湘的一个旅联防。而刘湘的川军主力位于大渡河稍北的雅安、芦山一带，成为总预备队。而实力较弱的西康省主席刘文辉的二十四军则在大渡河上游，承担着安顺场、泸定桥、康定等地的防守。

面对川军这群小诸葛，红军是用正牌子诸葛亮的办法来对付的。

富林渡口再往南还有一个国民党控制的县城，叫作越嶲县城，《三国演义》中诸葛亮征孟获的时候，双方争夺的南中四郡，越嶲便是其中之一。诸葛亮五月渡泸，泸水就是大渡河。

诸葛亮当时五月渡泸，先下越嶲，这次红军到大渡河又是五月份，而且也是先打越嶲。指挥攻打越嶲的是两位名将：一位是后来抗日战争之中八路军牺牲的军衔最高的将领——八路军副总参谋长左权；另一位是中国人民解放军空军第一

刘湘

杨森

刘文辉

任司令员刘亚楼上将。他们二人带领一支小分队，5月23日先攻占了越嶲县城，接着攻占大树堡，直扑富林渡口。

这一仗当时左权打得非常漂亮。攻占越嶲的时候，活捉了一个民愤很大的县长。说来这个姓彭的县长也是自取灭亡，他根本没跟红军怎么打就跑掉了，但跑出去没多远，彭县长的烟瘾犯了，不得不坐在那里开始吸鸦片烟，抽完了鸦片，红军也赶到了，就这么被活捉了。红军在县城公审了彭县长后把他杀掉，同时开始筹集物资，准备渡河。这样一来，吓得川军匆忙来援，不料，红军根本是声东击西，真正的渡河目标，早就定在了安顺场。左权和刘亚楼的目的就是把上游的川军调下来，省得妨碍红军去攻安顺场渡口。

左权将军在富林渡口大张旗鼓，虚张声势，可说是摸透了四川军阀心理的一着好棋。

让我们来看看挡在红军前面的四川军阀都有谁。川军中主要是三个军阀奉命阻截：一个是所谓“四川王”刘湘，他是四川最大的军阀；第二个是他的死对头杨森；还有第三个，是刘湘的叔叔刘文辉——这个叔叔比侄儿还小一岁。三个人共同组成了阻截红军的防线，但是三个人的想法各不相同。刘湘，是“四川王”，也是四川军阀中战斗力最强的，与红军作战并不积极。他主要想保住的是川西坝子，你只要不往我成都打，我就不管你，所以刘湘在整个大渡河的防御上，基本是个旁观者。他只派了一个王泽浚旅过来，放在富林渡口，目的是防止红军直接抄袭成都。第二个军阀杨森，在四川军阀里面是专门跟刘湘作对的，而且两个人的实力相差不大，杨森略处下风而已。杨森积极投靠蒋介石，希望在蒋介石的帮助之下干掉刘湘，所以他面对红军十分活跃，也是最听话的。蒋介石得知富林遭到袭击，红军准备在这里渡河，当即命令杨森前去阻击。杨森果然听话前往，他一走之后整个大渡河上游就只剩下三个军阀中最弱的刘文辉了，给红军创造了渡过大渡河的非常好的机遇。

在教科书中，我们可以看到红军突破泸定桥的辉煌，但实际在此之前，红军有一周的时间对此战进行铺垫，这一周的时间才真正决定了两军的命运。

调走杨森之后，红军主力立即直扑刘文辉。

刘文辉在军阀中也曾经是个厉害角色。1933 年他曾经占据了四川八十一个县，部队十四万人，但随后他在和刘湘争霸的过程之中战败，元气大伤，逃到了西康，在四川的地盘只剩下一个县，部队不到两万人。吃柿子要拣软的捏，但是想捏这个软柿子还不太容易。

因为实力小、本钱少，刘文辉开始也不想和红军硬拼，故此把主力撤退到了天全等地，反正红军进入四川，第一个倒霉的肯定是刘湘，自己正可坐山观虎斗。然而他的消极惹恼了蒋介石。蒋介石严厉督促，要求他在大渡河布防，挡住红军的去路，否则严惩不贷。刘文辉明白再不出力难免被蒋介石杀鸡儆猴以鼓动军心，因此不得不紧急部署部队，在上游防止红军渡河。

但这时候再增强安顺场的防御，已经来不及了。

红军要打安顺场，固然骗走了杨森，但并不能说完全骗过了蒋介石。国民党军中不乏战术高手，很多人提出过，红军打富林是硬碰硬，不符合他们一贯的战术，有可能是声东击西，极有可能要打安顺场。不过蒋介石对此并不在意，他认为这根本不是一个需要调兵解决的问题。安顺场这个地方，对红军来说似乎并不吉利，曾有一个大英雄死于此处，就是太平天国的翼王石达开。石达开被认为是太平天国中的军事天才，他最后的命运就是在安顺场由于不能顺利渡过大渡河，遭到清廷四川巡抚骆秉章所部围攻，全军覆没。蒋介石曾经说过，要让毛泽东成为第二个石达开。

既然想到了这种可能，为何蒋介石和川军的“小诸葛”们还把杨森调走，对安顺场不加重视呢？这是因为安顺场早已有部队防守，而且蒋介石给守将下了一条对红军来说相当致命的命令。

安顺场两岸各有国民党军一个营驻守，北面有一个营，但服从于南岸指挥。南面这个营的营长名叫赖执中，负责整个南北两岸的防务，也就是前面所说的安顺场守将。蒋介石给赖执中下的命令是要他立即把安顺场所有的房子、粮食全部烧掉，而且要把所有的渡船拉到北岸去，让红军到了河边也没法过河。赖执中如果认真执行这条命令，红军还真的麻烦了。

问题是这位赖执中并不认为自己有必要立即执行命令。据传统说法，此人是个土豪恶霸，还是个“袍哥”领袖，这些都是史实。然而，他居然还是一个报社记者，现在泸定记载石达开覆灭经过的石碑碑文，就是他撰写的。当然他主要还是一个土豪恶霸，这意味着安顺场一半以上的房子都是他们家的。

对于蒋介石来说，赖执中是个小得不能再小的地方军阀，但在赖执中眼里，蒋委员长再大也是远在天边。对于怎么迎战红军，他也有自己的小算盘。赖执中对手下说，房子不用烧，这都是我们家的，烧也是烧我们家自己的房子。红军现在还在彝族区，一时半会儿过不来，起码得半个月呢，也许根本就过不来，那我着什么急？再说他过来以后也不见得真照着蒋委员长说的直接来打我的安顺场，上下游都有渡口，他不定打哪儿呢，如果红军真的来了……等来了我再烧也来得及，万一红军不来，我们家家产就保住了。

至于命令嘛，蒋委员长又不能亲自来检查，赖营长还真没当回事。说起来，满脑子的小九九，赖执中也是个“小诸葛”。

当然他也做了一些准备，只是这个准备后来为红军帮了忙——赖执中在安顺场保留了一条比较大的船。这条船是干吗的？一旦红军真的来了，他得放火烧房子，烧房子以后得坐这条船跑到对岸去嘛。赖执中准备得挺充分，但是没想到，红军比他预料过彝族区的时间提前了半个月。

到达彝族区后，红军总参谋长刘伯承和彝族首领小叶丹两个人歃血为盟，红军得到了彝族的支持，迅速过山，夺取擦罗。在派兵骚扰富林的同时，红军主力已经直取安顺场。

从擦罗到安顺场中间有五十里路，赖执中设了好几个哨所，他认为擦罗万一被打了的话，听到消息以后再来烧房子也来得及。没想到的是，擦罗之战一枪未发，有个区长被俘还给红军开了路条，于是红军就拿着路条，一个一个干掉了赖执中的哨所。红军到安顺场时，赖执中还在家里面跟太太们推牌九呢。

红军出现在安顺场镇子旁边，因为是便衣，赖执中的保安队还认为是彝族，也就是少数民族的同胞到山下抢东西来了。于是用彝族话对他们大喊“倮倮滚回去”（倮倮是国民党政府当时对少数民族的蔑称）。不料对面回答——我们是红军！

战斗打响，安顺场的国民党军抵抗了多长时间呢？总共抵抗了二十分钟。这二十分钟的抵抗让赖执中逃了一条性命。他是跳墙跑的，腿摔折了，由几个“袍哥”兄弟架着逃到了山上，那条救命船也没用上。

红军打安顺场的指挥官是孙继先，后来的开国中将。他的一个先头营打下了安顺场，应该说是立了一个大功，不想却差点气坏了刘伯承元帅。原来，孙继先在进攻安顺场的时候，红军大队包括中央机关都在后面等待，拿下来了，全军就可以过大渡河了，如果拿不下来，马上要另想办法。

出发前，刘伯承元帅对孙继先说，你去打安顺场，只要拿下来，马上给我打一发绿色信号弹，全军才能往前走，切记切记。

结果大部队在后面等了几个钟头也没见到信号弹。

于是刘伯承想，看来我们没能拿下安顺场，得安排大部队火速转移，走别的路。战情不顺，当时还在下雨，元帅的心情可想而知。幸好刘伯承是个心细的人，他派了一个侦察员，说你到安顺场去看一看我们的部队撤下来没有，撤下来的话，马上把他们带回来归队，省得他们走散了。

这个侦察员骑马而去，迅疾而返，说报告总参谋长，我们已经拿下安顺场了。

刘伯承当然生气了——孙继先，我早就跟你说过，只要拿下安顺场就给我打个信号弹啊？怎么忘了？

就这样部队到了安顺场，孙继先跑来见刘伯承。刘伯承大怒，说你怎么回事？我不是告诉你拿下了要给我打一个信号吗？孙继先说我忘了，我有比这个更

孙继先（左）与杨得志（右），分别是夺取安顺场和擦罗的指挥官

重要的事情去做了。刘伯承奇怪，有什么事比给全军报信的事情还重要？

孙继先说，我找到了一只船——这段史实和电影《大渡河》里的场景不一样。电影里，红军是在安顺场找到了一个老乡，他自己家一条船舍不得沉，红军经过一番思想工作，动员其把这条船献出来了。

实际上孙继先发现的，正是赖执中那条救命船。赖执中没来得及用上，反而被红军缴获了，成为红军强渡安顺场的那条船。孙继先把这个事一说，刘伯承仔细一看孙继先像泥猴似的，马上心软了，改变了态度，说你们马上到镇子里，找最好的吃的先吃一点，好好休息。

此时，红军需要立即组织强渡安顺场，控制对岸的码头，这样红军主力才能够过河。

最终指挥强渡的还是孙继先。在历史上有个谜团，强渡安顺场，有人说是

攻打安顺场时红军所用渡船

十八勇士，有人说是十七勇士，到底是十七还是十八个呢？原来一共有十七个战士参加了安顺场的强渡作战（此外还有八个船工），但这个人数少算了一个孙继先，他也是坐这条船冲过去的。只不过按照红军的传统，发奖的时候没指挥官的事——他不能给自己发奖啊，于是就出现了十八勇士还是十七勇士的争论。应该说孙继先也是当之无愧的勇士之一，因为他也是冒着枪林弹雨冲向了安顺场的北岸。

在北岸，国民党军还有一个营，这个营的敌军尽管素质不高，装备还是不错的，居然还有迫击炮，曾经用迫击炮轰击了红军过河的渡船，使其一度失控，撞在礁石上。但是由于船工的努力，八个人用篙撑住礁石，最后使船顺利地奔向了北岸。此时，红军把最后的四发炮弹全用上了，由红军中的号称炮神的赵章成，指挥炮兵在南岸向北岸进行炮击，三发两中，摧毁了国民党军的碉堡阵地。但敌军仍没有溃散，这个营的主要成员是“袍哥”。“袍哥”属于民间帮会，于是孙继先率部登陆的时候，他们就照着帮会的方式，抡着大刀冲锋上来，向岸边的红军发动反击。结果，赵章成的最后一发炮弹正掉在冲锋的这些“袍哥”兵中间。在川军的混战之中，火炮通常是助威的，直接落在头上的很少，遇到红军这样的神炮手，“袍哥”们顿时乱了阵脚，很快被打散了。

在整个强渡大渡河的战役之中，我们看到一个有趣的现象——红军为什么能打赢，一方面当然是红军不怕远征难，战术战略上有很多出色的地方；另一方面，就是双方对战争的理解是不一样的，浑如龟兔赛跑。

红军是有理想的军队，为了理想他们愿意献出自己的生命去拼死作战。而四川的军阀作战不是这样的。他们打仗时是什么样的一种心态呢？仗是要隔着四五百米打的，如果打得着那纯属上天安排，打不着……那也是上天安排的。而双方在交锋的时候，官长们在干什么呢？城外战斗在打，很多时候双方长官的太太们还在一起打麻将，这就是川军当时对战争的理解。

习惯了这种低烈度战争，碰上了红军这样的英勇之师，川军难免会非常不适应，安顺场就是一个典型的例子，几发炮弹落下来之后，“袍哥”们就被打散了，于是红军顺利地占领了北岸，控制了整个安顺场渡口，主力部队开始渡河。

值得一提的是面对红军，川军并非全无战斗力，刘湘和郭勋祺等部曾给红军带来重大损失，但刘文辉部的素质的确不佳，而且官兵不知为何而战，难有士气。

关于红军的炮神赵章成我们可以多说几句。四发炮弹能打中三发，应该说非常了不起。阿富汗美军作战，平均二十万发才能击毙一个对手，虽然这说的是子弹，但这个射击水平，就算给美国大兵四发炮弹，估计他们什么也干不了。赵章成在红军之中极有威望，一直到八路军时代都是以训练炮兵著称的，但有一段时间曾经有人要批判他，理由是认为他打仗的时候有迷信思想。

这从何说起呢？揭发的人说赵章成要炮击敌人的时候，每次都举右手先朝挨炸的敌人拜一拜，这是在搞封建迷信！赵章成听了哭笑不得，连忙解释——那哪是封建迷信，这是把右手的大拇指和其余四个手指分开，共同组成一个简易测距仪啊。

拿下安顺场之后，红军开始渡河，但实际上形势并没有得到缓解，蒋介石并不担心红军拿下安顺场，反而正中下怀，马上令各部迅速赶向安顺场渡口，围攻红军。

原因是什么？石达开在这里覆灭，并不仅仅是因为遭到了清军的包围，还有一点，就是安顺场这个地方水深流急，船渡耗时太久。石达开四万军队两三个星期还过不去，红军这时候也有将近三万人马，如果在这个地方渡河的话，会花费极长的时间，尤其是红军当时在这一带只有一条船，另外找到的三条船都是需要维修的。蒋介石的看法是如果红军在安顺场滞留，就会真的成为石达开第二，被蒋介石军队消灭在这个地方。

这个看法应该说颇有道理。红军第一天只渡过去七百二十个人。而这个时候已经有人出来提醒毛泽东了，这个人是安顺场一个九十岁的老秀才。其实这个时候红军上层也已经感到在安顺场渡河很危险。这时候恰好老秀才来见毛泽东，还带来了自己写的诗。心绪不佳的毛泽东看后并不认为写得好，开玩笑说这个秀才是买来的吧？但是这个老秀才在和红军将领们攀谈的时候说“大军在此不可久留”。这一句话被毛泽东听到了，改口说他不应该是秀才，应该是状元——他认为这个老秀才是很有远见的。

注意到了这个问题，安顺场开始渡河没有多久，红军便开始安排部队继续向上游前进，去哪里？5月26日，中革军委发布通令，夺取泸定桥。

就在红军准备夺取泸定桥的时候，蒋介石也注意到了这个问题。他认为以老对手毛泽东的军事才能，红军一定不会在安顺场这个地方坐以待毙，他会去哪里？泸定桥是唯一的出路。

所以蒋介石当时给国民党中央军主力薛岳的命令并不是让他扑向安顺场，而是直奔泸定桥。同时下令，刘文辉部立即派部队死守泸定桥以避免红军突破大渡河天险。

历史的背后常常隐藏着微妙的秘密。核对当时各方位置，我们忽然发现，在红军决定夺取泸定桥的时候，泸定处于非常空虚的状态。如果红军先到这里，很可能不费一兵一卒就能拿下泸定桥。这是因为国民党军原来驻守泸定桥的部队是刘文辉手下余松林的第二旅，最初刘文辉消极避战，把余松林旅抽调到自己的老巢康定去进行防守了。于是，在泸定城便出现了一个暂时的真空，根本没有国民党的正规军。

在蒋介石严令之下，刘文辉不敢不守泸定。他立即调北岸最有战斗力的一个旅——袁国瑞的第四旅，迅速赶向泸定桥进行布防。袁国瑞的部队在雅安，到泸定桥的距离比红军近一点，但行军也很不容易。袁国瑞也是一个典型的“小诸葛”，很会用兵。他的部下共有三个团，分别为第十团、第十一团、第三十八团，这个编制在川军里面算很了不起了。因为川军，特别是刘文辉的部队，往往编制大，实际属下的部队却少。一个旅，按国民党军正式编制是编两个团的，他一个旅能编三个团，所以是一个加强旅，也是刘文辉的拳头部队。

袁国瑞把第一个团即杨开诚的十一团，派到了东线，沿着大渡河往下游安顺场方向前进，迎头阻击过河的红军部队。另外一个团，谢洪升的第十团放在了后面一点，给十一团做预备队，所以他尽管接受的任务是防卫泸定，但主要兵力却是针对下游的，防止红军沿着河的右岸往上走，来夺泸定桥。另一个团，即李全山的三十八团，则奉命赶往泸定桥担任防守。

从用兵角度来说这是很刁钻的，他明白沿河而来的红军比隔河进攻的部队威胁更大。袁国瑞的想法大概是只要迟滞红军两三天，援军便可到达，这应该是不难的。

袁国瑞在动脑筋，红军也在动脑筋。毕竟还有三百里山路，怎么走？相对来说右岸的路好走，有一条骡马大道。红军当时在右岸的部队即从安顺场已经过河的人马，由刘伯承和聂荣臻指挥，包括红军第一师和陈赓率领的干部团一部，都是红军的精锐，是夺取泸定桥的右纵队。这支部队沿着右岸一直往上打，直取泸定桥，命中注定他们将与袁国瑞的主力迎头相碰。左岸则是红军的主力部队左纵队，以红一军团没有过河的部队、杨成武和黄开湘的红四团为先锋。他们在 27 日清晨从安顺场出发，左岸这边，只有山中的小路，而且有几处天险很难突破。

推测最初红军总部是期待右路先赶到，因为冲击泸定桥如果从对岸打是不好打的。但是川军“小诸葛”袁国瑞也料到这一点了，红军碰到了一个难缠的对手。

在右纵队面前的铁丝沟和飞越岭，川军都布置了防线，组织防御。右路红军的进攻很犀利，但是速度不可避免要受到削弱。

指挥飞夺泸定桥的杨成武

这时候，就要依靠左路了，然而，左路也有几道关口。

第一道关口叫菩萨岗，这个地方有余松林旅留下的一个营，且只有一条很窄的路可以上去，堪称一夫当关万夫莫开。菩萨岗之后还有一个险关叫猛虎岗，也驻了川军的一个营。再往后还有一条磨西河，由川军一个特务连防守。突破这三道关，还有二百里的路才能到泸定桥。

这仗不好打。石达开覆灭前也想到去夺泸定桥，他就是打到猛虎岗的时候，就再也打不过去了，只能退回到安顺场，最后被消灭在这里。

没想到的是，这三关红军轻而易举闯过去了，过程令人惊讶。

第一道关菩萨岗的川军抵抗非常顽强，打了一个小时。但红军在长征之中已经打过很多次这种仗了，有对付这种险关的经验。红军向当地百姓请教，找到了一条小路，由少数人员攀援绕到敌军后方，把国民党军的退路掐死。守军顿时乱作一团，他们本来居高临下射击红军，现在红军从后面朝前打的时候，也就是从上往下打，活像电影《智取华山》的场景。国民党守军出现了一个很尴尬的情况——无处可逃，于是这个营长举手投降。

红军轻取菩萨岗，接着直扑猛虎岗。猛虎岗的守军还不知道菩萨岗已经丢了，防守松懈，此时正好下大雾，红军摸上去便打起了白刃战。这种打法对川军来说正中软肋。辛亥革命后，军阀混战中有个说法，川军怕滇军，因为滇军打仗的时候，一打就冲过来拼刺刀，川军对这种不要命的打法一直不适应，所以经常吃败仗。实际上，滇军也是迫不得已，他们的装备比川军差，川军已经装备了后膛枪，滇军使用的仍然是前膛枪，这种枪是不能卧倒装子弹的，所以与其站着往枪里塞子弹的时候被对方打死，还不如干脆冲锋拼刺刀。

红军这一次攻打猛虎岗也是采用了白刃战，川军轻易就放弃了阵地，逃走了。

前面的守军败退下来，乱成一团，将守磨西河的特务连也裹挟在一起逃跑了，但他们把河上的木桥烧断了，红军修这座桥花了两个小时。而红军要求第二天就赶到泸定桥，还有二百里，这二百里地怎么走呢？

红四团不愧是红军精锐，不顾山路泥泞，全力直奔泸定桥而去。这里面有个小插曲——在很多关于飞夺泸定桥的描述中都有这么一段描写：红军在朝前赶的时候，对岸的国民党军，也在向泸定桥的方向前进，跟红军夹江而过。两边互相能看得见。此时已经入夜，国民党军打着火把行军。红军怎么办？红军的办法就是干脆你打火把我也打火把，冒充川军。对方用号音来联络，红军打下菩萨岗，活捉了一批川军，那里面就有号兵，依照川军的号谱回答——我们是从猛虎岗上撤退下来的部队，正在向泸定桥方向前进。这一回答对方也就不疑心了，于是双方继续赶路。

这件事并非虚构，那支“愚蠢”的国民党军，便是李全山的三十八团。

此后的事情却有些出乎意料。半夜下起了大雨，国民党军方面吃不了苦，停下宿营，而红军则继续前进，结果准时到达了泸定桥。也就是说二百里路仅用一天时间就赶了过去，包括指挥员杨成武，当时他的腿部已经在前面的战斗中负伤，而战马又给了别人，他硬是拖着伤腿走了二百多里地。这是非常了不起的一件事情。

根据川军当时参战的老兵饶杰先生的回忆，真正的战斗中还有个令人哭笑不得的情节——我们刚才说过，川军里面好多人都是“小诸葛”，李全山这个团长也不例外。当红四团奋力行进，在第三天，也就是 5 月 29 日凌晨赶到泸定桥左岸的时候，发现泸定城里插满敌旗，有敌人正在拆桥板。

红军一开火，拆桥板的敌军便逃回对岸去了。但是，看到泸定城里敌军已经有了准备，而红四团一日一夜的奔袭，只剩了四分之一的人员，所以便守住桥头，等待后面的主力部队陆续到达，再对泸定城发起攻击。

问题是这一次红军的情报出了问题。泸定城的守军不是早就被调走了吗？李伞山又在半路扎营，城里哪来的敌军呢？按照饶杰老先生的说法，红四团赶到后如果立即发起攻击的话，很可能一下子就把泸定桥拿下了，原因是这时候泸定城里国民党的正规军只有他带的一个排，三四十人的兵力。李全山不是跟红军赛跑跑不过吗？他倒没识破红军的身份，但担心自己不能及早赶到泸定而受老蒋的处罚。这位李团长眉头一皱计上心来，把自己一个团里面，所有善于攀援的云南兵都召集起来，包括当时担任连长的饶杰，一共找到三十多人，就由饶杰带队，每人扛一面旗先赶到泸定城去把旗插上，对上对下都有交代，至少表示我部已经赶到了。这三十多个云南兵的确先赶到了，而且给红军造成了错觉，使其错过了轻取泸定桥的机会。中午，红军开始强攻泸定桥，而李全山的部队也赶到了。

泸定桥，实际是由十三根大铁链连起来的，两侧四根作为护栏，底下九根，有粗有细，上面铺木板为桥面。这座桥走起来什么感觉？反正我走的时候老觉得自己是歪的——这是由于上游水势汹涌而下造成的错觉。幸而只有饶杰一个排的部队赶到泸定，来不及将桥板全部破坏，根据当时参战官兵的回忆，他们破坏的，主要是红军占据的这一侧的部分木板，红四团忽然杀来，吓得他们来不及拆其他桥板就跑回对岸去了。

双方都赶到了，这个时候夺泸定桥这仗应该怎么打呢？只能采取强攻。

怎么强攻？红军在桥的这一边布置了六挺重机枪，不断地朝对面桥亭子方向射击，川军也在还击，但是红军的火力更强。这个对射的结果是，李全山这个团一个小时就伤亡了五十多人，军阀混战中，打半个月恐怕也没这么大损失，这个打击对他来说相当震撼。双方在对射的时候，杨成武便开始组织突击队，也就是后来所说的夺桥二十二勇士，由廖大珠连长率领，准备对泸定桥发动类似于敢死队的冲锋。

泸定桥最后的冲锋情况，由于年代久远仍有很多等待探讨的细节，然而有一点是可以确认的——关键时刻守军方面因为一个意外情况出现了动摇。

什么意外发生了呢？李全山在守桥的时候突然发现自己的侧翼有部队进攻。这个进攻对他来说打击非常大，“深通兵法”的李全山当时就动摇了，认为泸定城守不住了。

从理论上说，侧击泸定的部队似乎应该是红军由刘伯承率领的右纵队，史学界也的确有这样的推测。但比较明确的信息是他们这支部队当时距离泸定还有五十里。右纵队的战斗打得非常激烈，他们先和袁国瑞的十一团交手，把川军的这一个团打垮，攻占铁丝沟，接着向飞越岭进攻，这是袁国瑞的第二道防线，守将为十团团长谢洪生。泸定桥遭到侧击的时候，似乎飞越岭的战斗还在进行中。

这支发起侧面攻击的部队，应该是在进攻泸定桥的时候，杨成武组织的第二支敢死队。这支敢死队由两个排组成，坐木筏强渡大渡河，这是非常危险的做法，堪称九死一生。红军乘坐木筏子强渡，瞬间便被冲得不见踪影。人们都以为他们遇难了，实际上，这批红军虽然被冲到下游两公里远，但终于还是到达了对岸。

这些战士过去以后，尽管只有六七十人，但还是沿着右岸直扑泸定桥，向泸定桥的守军发起了攻击。要知道泸定桥由敌军的一个团驻守，大概一千人左右，从常理而言，这六七十人能发挥什么作用呢？

但战场就是这样捉摸不定。川军的将领们个个都是“小诸葛”。泸定守将李全山也不例外。正面红军的火力太强，一下子打掉他五十多人，从未碰到过这么硬的对手，李全山已经开始动摇了。但是军法无情，他还想再坚持一阵。这时候红军又从侧翼打过来……李全山深通军事理论。理论上说，守桥，对方从一面来进攻的话，一般都是守军赢，因为有地形的优势；但守桥的部队如果遭到两面夹击的话，一般都是守桥的完蛋，因为守桥部队的火力是朝着正面的，如果遭到侧击的话，则缺乏还手的能力。

李全山彻底动摇了，马上给自己的上司袁国瑞旅长打电话求救。但这时候袁国瑞自顾不暇，刘伯承的右纵队打到了飞越岭。按说飞越岭上有国民党军一个团的兵力，怎么也能守一阵，但前面的十一团被打垮得太快了，飞越岭守将、十团团长谢洪生被吓坏了，拔枪自伤。连团长都自伤，部队当然无法坚持，很快整个飞越岭防线就败下来了，红军直冲袁国瑞的旅部。袁国瑞正在布置转移的时候，李全山电话打来要增援，袁说我这边也很艰难。

就说了这么一句话，电话线就被打断了。这样李全山彻底绝望，放弃了继续坚守泸定桥的决心。他把连长饶杰叫来了，令他带队坚守泸定桥的桥头，自己逃跑了。

就在这时，红军的突击队，在重机枪的掩护之下，飞越桥面，直扑桥亭。守军因为指挥官逃跑已经军心混乱，根本无心再来阻挡红军。怎么办呢？只来得及放了一把火，但没能阻止住红军的进攻。这时候右岸刘伯承部先头部队也赶来了，红军就这样夺下了泸定桥。

飞夺泸定桥，强渡大渡河，使红军摆脱了从撤离苏区开始便在后面阴魂不散、紧紧追赶的国民党“围剿”部队，打破了蒋介石部署的围追堵截。红军从此获得了新的生机。

从这一仗的战斗过程，我们可以看到，红军的对手，那一个个“小诸葛”们，也并非草包，但最终还是败了。他们败在哪里呢？恐怕第一是败在各怀心思，钩心斗角，没有红军那样执着的理想；第二则是败在站错了方向，站到了历史发展的对立面，自然兵无战心，这一点，就是换了真诸葛亮，恐怕也是无法挽回的。

附：

“掉链子”的泸定桥

笔者曾参加一个关于长征的讨论会，在会上遇到四川文化学者邓从模先生，相谈甚欢。邓先生提到，20世纪70年代他在当地工作的时候，泸定桥曾发生过一次“掉链子”的事故，幸运的是未伤及人命，只是一度停止使用——这座名桥是铁索桥，链子掉了，桥当然也出了危险。只是他记不清具体是哪一年了。

哦，还有这样的事儿？印象中这座泸定桥可是轻易就能渡过千军万马的，怎么会“掉链子”呢？

细打听之下，才知道当时是有一支部队过河，居然在桥上齐步走，结果走到中间，桥下的铁索就断了。

各国军队都有规定——在桥上必须便步走，这是因为有血的教训。1831年，英国有一队士兵通过曼彻斯特市附近的一座布劳顿吊桥。当时长官下令部队走出整齐的正步，结果刚走到中间桥就塌了。经研究认定，依据科学原理，齐步走如果引发共振，便可以使桥梁倒塌。从此以后，英国军队便规定，士兵在列队过桥时应改走便步，以免引起共振造成桥梁倒塌。

英国人算是先进的，他们的结论当时尚不为其他国家所接受，于是在此后的几十年里，德国人、法国人、俄国人陆陆续续都有齐步走把桥震塌的案例发生。因为共振，我国有一支军队在行进时居然曾经把附近的城墙给震塌了！

有趣的现象是发生事故的多是吊桥，因为它的结构本来对共振的抵抗能力就弱

于是，从19世纪中期开始，各国纷纷出台了过桥不得齐步走的规定。有意思的是人因为自身频率远比齐步走的频率低，桥被震塌，人倒无碍。

那么，泸定桥真的发生过类似的事情吗？

军报孙家宝先生曾赠笔者一册《泸定桥三百年大事记》，查之，果然发现了泸定桥当年“掉链子”的记录。作为一条铁索吊桥，泸定桥桥身的九根铁链承重较大，当地又时有风灾，故此尽管按例五年一检修，仍不时有自然和人为导致断链的情况。就在邓先生于当地工作的十年间，泸定桥就至少掉了三次链子，分别发生在1970年、1974年和1975年。

其中1974年3月发生的那次应该和共振无关，当时国家文物局拨款大修泸定桥，在即将完成时，上游一侧的扶手链忽然断裂，并引发连锁反应，造成断链三根，导致桥面倾斜，放在桥面上的修理工具纷纷掉进河里。这应该是一次施工事故。

值得注意的是当时维修所需，不过一万五千元而已，当地物价之便宜，可见一斑。

1970年和1975年的两次掉链子，和邓先生所述都合辙。1975年那次，是西

相关记载在此书之中

头落并已断裂锈蚀严重的卧龙桩。

123.1970年6月21日，解放军7848部队340分队，拉练到泸定桥上参观，因步伐整齐，使桥产生强烈共振，底链7号（上河往下数）距东岸30米外断裂。随后由07039工程指挥部派员将断链从河中拉出，用起重卡环接好。

124.1972年2月4日，中国现代杰出作家、诗人、剧作家、历史学家、考古学家、古文字学家、社会活动家郭沫若题写泸定桥文物保护单位标志“泸定桥”。

泸定桥

1972年2月4日，郭沫若题

郭沫若先生

《泸定桥三百年大事记》中关于共振的相关记载

藏某部退伍军人组织参观泸定桥，数十人上桥后，九根底链忽然断裂三根，桥面倾斜四十五度。

虽未记载原因，但部队上桥后出问题，只怕齐步走引发掉链子的可能性不小。

不过，最像的还是1970年那一次，书中明确记载，这是一次因齐步走造成的铁索桥断链事故：

1970年6月21日，解放军7848部队340分队，拉练到泸定桥上参观，因步伐整齐，使桥产生强烈共振，底链七号（上河往下数），距东岸三十米处断裂。随后由07039工程指挥部派员将断链从河中拉出，用起重卡环接好。

应该说将这件事调查清楚是很重要的，因为之前一年，也就是1969年6月，泸定桥刚刚完成大修，采用了不少新工艺，如用低碳圆钢制作铁链，代替原来手工锻打的毛铁，用鼓风机代替传统手拉风箱等，如果掉链子的事情查不清楚，组织大修的人要吃官司的。

根据网上资料，7848部队即五十军（前身为原曾泽生率领在长春起义的国民党六十军），1969年该部一四九师与西藏军区五十二师对调，推测1970年出事的可能就属于这支部队。

不过，也有可能是 1975 年那次。这是因为 1975 年断掉了三根铁链，造成停止通行的可能性更大。

同时，1975 年那次出事，还因祸得福领受了当地人不少大拇哥——尽管桥面大幅倾斜，但桥上的解放军老兵们军事素质很高，纷纷拉住残余的铁链，竟无一人落水。

与之相比，1849 年有一支法国军团在通过昂热市的曼恩河大桥时，因为齐步走造成桥身突然断裂，一次就有二百二十六人落水死于非命。

看来，虽然个别解放军指挥员可能忘记条令，但部队的整体素质，还是很值得称道的。

因为觉得有趣，和一位将军谈到此事，没想到对方提了个很是新奇的问题——“如果长征的时候国民党把泸定桥先炸断了，历史会不会改变？”

这个，没准儿……

将军笑了，说应该没多大变化。

原来，1965 年 9 月，彭德怀任西南三线副总指挥，一度重回大渡河，走到泸定上游康定时，发现此处的大渡河蜿蜒而过，差可徒涉，不仅十分感慨——早知如此，打泸定打得惊心动魄实在没有必要啊，向上游走一段就可以。毫无疑问，尽管红军和国民党军拼了老命争夺泸定桥，但即便拿不下来，红军只要继续西行，照样可以突破大渡河天险，长征仍可继续。

看来，想改写历史这种事情，还真是不容易。

一个日本记者眼中的长征

当年在红军开始长征的时候，也有两个日本记者一直在盯着这支军队的轨迹。这两个记者，一个是在北平的波多野乾一,一个是上海的河村好雄。

波多野乾一是驻华的老记者，经验丰富，但他对于长征这件事的报道只能说差强人意。几年以后，他在自己的著作《赤色支那之究明》中描述道：

从成立之初就以独特的游击战术著称的红军，巧妙地避开讨伐军的锋芒，或分或合，似流寇，似流星，画出数条不规则的路线朝西北而去。当时我曾根据红军的动向，在地图上推测他们此后的行踪，这张地图至今还在。然而，他们的路线宛如游动的长蛇而毫无规律，让我对自己的工作感到沮丧。

的确，蒋委员长在前线都搞不清红军往哪儿去，波多野乾一怎么能搞得清呢?

但偏偏那个叫河村好雄的家伙此时极为叫座，简直成了日本研究红军和长征的唯一专家。

在他的大作《第五次剿共工作和红军西迁始末》中，围绕中央苏区的战斗有十分精彩的描述，注意一下，他对“长征”所用的名词是“西迁”——当时“长征”这个词还没有喊出来呢（因是对原文的翻译，其中“围剿”等词汇不做更改）。

滿洲日報　昭和10年1月25日

第五次剿共工作と紅軍西遷の顛末

上海特派員　河村好雄

民國二十三年十月下旬、第五次共匪軍討伐戰爭が將に酣はならんとする頃、江西ソウエート區の共產軍主力部隊は中央軍の包圍線を突破して西遷を開始した、爾後二ケ月餘四路剿匪軍の蝟集する眞只中を無人の境を行くが如く西進を續け或は廣東省境を脅かし或は廣西北邊境に侵入しつゝ悠々湖南々部を横斷、遂に貴州省境をも突破して同省東北部を斜斷し今や烏江一帶を中心とする黔川省境に軍を集結して天險四川爭奪の機を窺つてゐる、換言すれば中共黨の中心勢力が遠く五百哩の彼方に移動し新なる對立勢力を構成せんとしつゝある、この歴史的大移動が直接的には支那の國內情勢、間接的には支那を繞る國際情勢に重大な影響を與へるであらうことは論を俟たないところであるが、吾々はこの問題を暫く措き、先づ贛閩省境より黔川省境まで引かれた赤い線を辿り、血に彩られた「剿共」「西遷」の戰史を綴つてみよう

西遷開始前後の江西共產區戰況

紅軍配置狀態

贛西南ソウエート特別區の紅軍（西遷基本部隊）は第一方面軍總司令朱德の指揮下にあつたが、その編成は次の如くである

◆第一軍團（長、林彪）は第一、二、三の三ケ師よりなり兵力約二萬五千、歩兵銃一萬五千挺の外重、輕機關銃、歩兵砲、山砲等約二百門を有し、主力は永豐の東方七部一帶より樂安南方の招携、普和方面へ移動、第三師は黎川南方樟村、横村一帶にあつたが後石城、長汀方面に後退、第五、九軍團と協力して中央軍に當つてゐた

◆第三軍團（長、彭德懷）は第四、五、六の三箇師よりなり兵力約二萬、歩兵銃一萬前後の外、機銃、山砲等約百基を有し、主力は一時福建軍を撃破して延平に迫り、一度は撃退されたが再び方志敏麾下の部隊と共に福州近郊まで迫り、八月中旬には福建中部の山嶽地帶で遊擊戰をなしてゐた

◆第五軍團（長、董振堂）は第十三、十四、十五、新編第七師の四ケ師よりなり兵力約一萬五千、歩騎兵銃五千、重、輕機銃約五十を有し、各師は資溪、南城、黎川、南豐一帶に布陣して中央軍と接觸してゐたが、西遷開始前は石城、寧化の線まで後退してゐた

◆第七軍團（長、方志敏）は第十九、二十、二十一の三ケ師、兵力約五千、銃三千五百を有し、資溪縣桐埠の公司嶺を根據地とし一部は福建省境方面から福建中部山地にかけて遊擊戰を行つてゐた

◆第九軍團、第十軍（長、周建屏）は第三十、三十一、三十二の三ケ師、兵力三千、歩騎兵銃二千を有し第七軍團の下にあつて江西、浙江省境で活躍、第十一軍（長、周建屏）は兵約三千、歩兵銃二千、第十二軍（長、羅炳輝）は兵約四千五百、銃二千を

河村好雄 1935 年 1 月 25 日发表的文章

民国二十四年春节，福建事变终结，似乎在等待这个契机，所谓第五次“剿共”的动作在一瞬间展开。拥有大量先进武器及数倍于共产党方面兵力的大军，采用“公路、碉堡、封锁”新战略的中央军按照此前描述过的四路发动了包围攻击，不断夺回共产党方面的区域。结果，大约早在7月底，作为主力部队西迁的前哨战，萧克部队成功西进，而8月初陈诚麾下的各部队已经攻到可称瑞金外壕的站前镇，西迁的气氛便因此愈发浓厚起来。到9月上旬，共产党军依然确保的区域仅剩兴国、瑞金、石城、于都、会昌、宁都、长汀、宁化等十余县。

9月下旬，中央军的东路军和北路军协同，一起开始攻击。周（浑元）部队在兴国方面与红军第一军团第二师及第五军团第十三、第三十师，第三路军在石城方面与红军第三军团第四、第五师，东路军对红军第九军团的第三、第二十四师（合计三千）发起猛攻。与此同时，同月28日，第六路军第九十二师（梁华盛）与红军第二十一师交锋，占领石井坑。

10月6日早晨，北路军霍、黄两师击退红一军团主力及红三军团第十五师，占领了石城，而东路军李（默庵）纵队攻占河田。9日，第六路军先锋梁华盛师攻占了兴国县的太阳岭，接着便在14日夺回兴国县城，红军第二十一、第二十四师败退的报告传来。

因此，10月18日（一说20日或20日之后），共产党军放弃了三年来通过苏维埃临时政府苦心经营建立的以瑞金为中心的根据地，奔向川黔两省边境地区，以建立新根据地为目标的历史性西迁就此开始。他们这次西迁之时，为了阻止中央军的追击，方志敏、罗炳辉、周建屏各殿后部队被配置在江西南部各要点，因此根据地的剿共战依在继续。得知红军主力西迁开始，围剿军在各地展开攻势，26日下午，周浑元部队占领宁都，11月1日，李默庵等部队攻占长汀并乘胜于10日攻陷红色首都瑞金，这期间，于都、会昌、宁化各县城也纷纷得报被占。

这期间，殿后阻击中央军追击的红军各部队，尽管有一些遭到中央军的包围和歼击，但还是有相当一部在苏区潜伏下来，如方志敏、罗炳辉等仍有有力部队，似欲向中央军控制的安徽等地突击。

……

9月中旬，共产党军在意识到不得不放弃中央苏区之时，向何处突破寻找出路在西迁行动开始前仍难以判断。西迁行动开始后，共产党军主力部队先分三路向赣州、信丰、安远一带对南路军第一纵队第一师、第二师的防线尝试突破。根据可信情报，一路由军事委员会主席朱德亲率五万部下从会昌、于都中间的龙布出发，取重石、版石、新田、古陂、韩坊等处对李振球部警戒线进行突破而西进；另一路第三军团军团长彭德怀率约两万部队从于都西北方向赣州、南康方面进击；再一路第五军团军团长董振堂率军三万从瑞金、会昌中间沿章河流域突破南路军第二纵队的警戒线经过安远攻击南雄。在这样的布局中，朱德、彭德怀部队在信丰合流，开始了突破湖南南部省境的尝试。

此时，红军进军正面的防线，是由南路军所属余汉谋麾下第一纵队构成的，即安远方向李振球的第一师，信丰方向叶肇的第二师，南雄方向李汉魂的独立第三师二团以及警备旅，赣州、南康方向张达的第四师等都配置在此。

尽管西、南路军的布阵似乎水泄不通，但红军西迁部队主力仍于11月上旬按照预定计划突破了其南部省境，攻入湖南，连下桂东、汝城一线，与西路军发生对阵。

11月10日前后，西进部队越过汝城、城口，进入广东北部的九峰、塘村一带而后南下，其右卫部队经宜章附近的良田向临武方面继续西进。根据17日厦门方面的情报：“一、三、五军团主力三万余位于江西西南部和湖南桂东、汝城、资兴之间，并在永新建立了省政府，彭德怀担任主席，又七、八、九军团进入湖南南部后试图突破广东部队的防线。”虽然如此，在永新建立新苏维埃的消息根据此后状况来看，应该属于虚报。

面对红军在湖南境内如同雪崩般的迅猛前进，11月13日，蒋介石匆忙任命何键为追剿总指挥，严命其消灭红军。

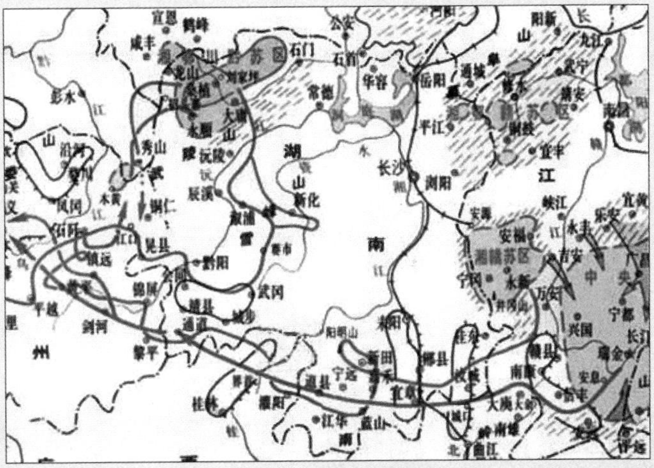

这段文章读来让人感到如掌上观文，如果参照地图，便可以看清红军的行踪了

番号准确，人员清晰，总的来说这是一篇当时没有别的记者可以写出的翔实文章，直到今天读来，仍是极好的历史参考文献。别的日本记者只能自叹不如——除非有哪个不要命的敢去跟在红军后面做狗仔队（估计会折在雪山或者草地……）。

可是，文中又有一些似是而非的地方，比如读过之后，中立的人会对红军的机动灵活、用兵自如产生深刻印象，如“雪崩”二字，虽无倾向，却让人感到红军的善战。而且，国民党军的动向之准确令人惊讶，红军的动向，却存在一定的

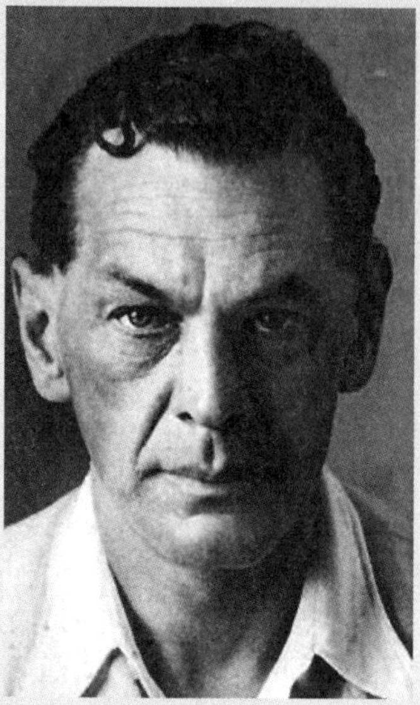

佐尔格

误导，如方志敏、罗炳辉的动向，所谓红军要在湖南成立省政府便是如此。

或许，只是红军的动向太不好判断，所以无从查起吧。

大约要过十年，人们才能找到答案——担任《满洲日日新闻》上海支局局长的河村好雄关于红军的消息来源很可能比别人都要特别，他的身份很神秘。

1941 年 10 月，东京警视厅逮捕了德国记者佐尔格，一个名为拉姆扎的地下反法西斯谍报组织浮出水面。这个为苏联工作的地下组织包括了佐尔格和日本前首相近卫的秘书尾崎秀实等人，他们曾向莫斯科传递了日本内阁已经决定“今年不对苏联宣战”的重要情报，保障了莫斯科保卫战的胜利。佐尔格案也成为世界谍报战史上著名的案件之一。

尾崎秀实

也正是在这一案件中，人们再次看到了河村好雄的名字。原来，这位河村竟然早就是一名老地下党员，他是佐尔格案中的重要人物之一，与佐尔格同时被捕并在 1942 年于巢鸭监狱中被折磨致死。

佐尔格案的幸存者，原日本记者川和贞吉在《革命家的回忆》中，有一章《日系中国共产党党员活动考》，提到河村好雄在 20 世纪 30 年代，在上海同文书院读书时，已经与中共地下工作泰斗王学文接触，并被吸收为“细胞”，和他同时被吸收的还有中西功。

王学文是著名经济学家，也是优秀的早期共产党理论家，极为善于发展地下组织，日籍共产党员中西功、西里龙夫，蒋介石身边的秘书沈安娜，都是他发展的

既然如此，他对红军、长征等话题的关注，以及在文章中似是而非的描述，便有了更靠谱的推测。首先，以他的身份，对这方面信息的了解一定更加透彻；另一方面，他也很容易通过巧妙的措辞，从外媒角度给国民党方面造成信息的错乱。比如，此前他所发出的所谓红军曾想在湖南建立根据地的报道，显然会让国民党方面对红军前进意图产生迷惑——真实的情况是湘江战斗后红军的目标已经改变，不再准备与湘西的贺龙会师，而是直奔黔西，扑向遵义了。

这种似是而非是有意的，还是习惯成自然的，那可就无法判断了。

有意思的是，由于资料不足，我们很难断定河村的真正身份到底为何。川和称他是王学文发展的“细胞”，即外围组织，其他情况就不大清楚了。所以，他有可能是和中西功一样的日籍中共党员，但佐尔格的系统是属于苏联一系的，与中西功等泾渭分明，组织上没有横向的联系（虽然私人关系上很多人都脱胎于同文书院系统）。所以，他也可能是随后被佐尔格的小组发展的，是苏联共产党党员。

在上海向日本报道长征的，居然是个红色记者，着实令人惊讶。

而川和讲他们这个王学文、温盛光等领导的中共系统组织对外名称叫作“社会科学研究会”，主要纲领是反战抗日。这就更奇怪了，这些土生土长的日本人居然参加“抗日”。其实也很正常，中西功被捕后曾经讲过他从不认为自己是日本民族的叛徒，他反对的是日本那个法西斯政府而已。

下篇

从红军到八路军

大阪時事新報

昭和11年3月30日

支那共産軍の底力

三千キロの進攻

軍事専門家さへも驚嘆

財政的にも危い山西省政府

日本新闻中对红军到达陕北后行动的报道

为了纪念红军长征胜利八十周年，关于红军的文字资料更多地被发掘出来了，应该说，在那个时代红军的作战和发展，的确对时局有着极大的影响，甚至连国外报刊，也不时报道他们的消息。比如1932年，在湖北参加救灾行动的路易·爱黎，便曾向国外报道过红军贺龙部“炮舰”在长江活动的消息。

当红军和国民党军殊死鏖战之时，外国记者始终把他们的目光锁定在红军身上，一些敏感的记者开始认识到这支力量将是影响中国命运的武装。这种关注不免带着几分有色眼镜的味道，有些还难免偏差，但毕竟为那个时代的中国革命者留下了印记。

这种关注不是从红军长征才开始的。例如，日本记者在1932年便在《朝日新闻》等报刊上开始登载他们对于红军的了解。

陕北的红军骑兵战士

但对外界来说，陕北，始终是个神秘的地方，这里是红军长征后的集结地，也是他们走向抗日战场的起点。随着红军的到来，陕北成了一个国内外新闻关注的焦点，一直到几十年后的今天，我们还在寻找着红军在那里留下的痕迹。

也有一些外国记者当时真的走到了红军中间，他们有着此时国内罕见的摄影和摄像设备，因此能够较好地记录下那个时代红军的真容。他们的记录，成为今天研究这支军队的重要依据。

有时候，他们记录的红军，与我们的印象，多多少少会有些差异。然而，我们依然会看到这是一支多么有活力的军队。

那么，就让我们从不同的角度来看一看，陕北的红军有哪些值得记忆的瞬间吧。

陕北，
怎么会“冒”出一块根据地

1935 年 10 月，红一方面军到达陕北吴起镇，与陕北红军会师，标志着红军长征的阶段性胜利。经过万里长征，红军总算又有了自己的根据地。红军，回家了。

红军长征的目的地是陕北，到了陕北就是到了家，但……有一个有趣的问题——红军怎么会预先在陕北建有一块根据地呢？

要知道，当时中国的革命中心基本都是在南方，不管是孙中山先生倡导的民主革命，还是后来中国共产党的革命，建立根据地的时候都是以南方

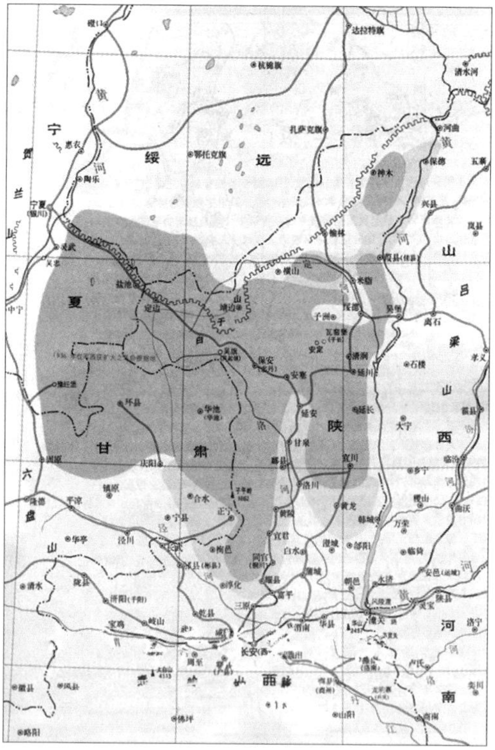

陕甘宁苏区

为优先方向的。革命宣传活动也常常从广州或者上海开始——革命在那里是当时比较“时髦”的事情，风气已开，能够接受革命思想的人士较多，北方则以北京为重心，比如李大钊、陈独秀等也在那里从事革命活动。

但是，陕西这样的地方，相对来说，在旧中国属于比较偏远落后的地区，怎么也会冒出一支红军来呢？他们的重要性不言而喻，如果没有这支红军的话，那长征最后就找不到一个终点了，这支重要的北方革命队伍就是刘志丹、谢子长、习仲勋等人创建的中国西北红军，即陕北红军。他们不但在陕北这个贫瘠的地区拉起了队伍，而且创建了一块相当巩固的根据地。

在中央苏区开始长征的时候，其实并不知道有这么一块根据地的存在，当红军走出草地时，毛泽东等人才知道陕北有一支红军，还有一块红色根据地。因为当时全国红军的根据地损失很大，人们几乎不能相信陕北还有这样一块蓬勃发展的红色区域。

发现陕北红军消息的地点是甘肃的哈达铺。红军从草地走出来之后，到达这个小镇，据说当时获取消息的是两个人：一个是著名的朝鲜战场上万岁军的军长、绰号“梁大牙”的梁兴初，因为他当时是侦察队的队长，到哈达铺时率先冲进去将其占领，找到了很多报纸，这些报纸上提到了陕北红军的动向。这样中央红军初步了解了陕北有一支红军的消息。另一人则是彭雪枫。他当时带的一个团正在行进中，迎面来了一个国民党军官，此人颇为悠闲，还骑着马。估计这个地方的国民党军队没有接触过中央红军，对突然在哈达铺冒出一支红军来显得很吃惊。此人就这么被彭雪枫兵不血刃地活捉了。抓住他后才发现，此人是国民党军鲁大昌师的一个通讯官，他身上也带了一些报纸。

此时，黄克诚正在彭雪枫的部队里。他的文化程度高，对报刊很有兴趣，拿过来看了一下，看完以后觉得这报纸（似乎是《大公报》）很有价值，上面报道在陕北有一支红军在活动，而且说得很清楚，这支红军是由刘志丹率领的，总兵力达到一万人枪（这一点后来发现可能比较夸张，因为刘志丹当时的部队为数千人，尚不足一万），报上还说这个部队当时已经控制了陕北的五个县城，包括吴堡县、神木县等，此外，靖边县城也一度被刘志丹攻陷，国民党军已经派出援军，双方正在那里进行拉锯战。

陕北居然还有这么大一块根据地？！

梁兴初和黄克诚都很快带着报纸去找毛泽东了。毛泽东看了以后也很吃惊，两份报纸一对，可以肯定，红军还真有一块这样的根据地。

这个根据地对长征中的红军意味着什么呢？我想当时红军的指战员们会有一种终于找到家的感觉。在红军开始进行长征的时候，其实并没有准备向陕北进发。中央红军从苏区走出来，准备去湘西。因为湘西有贺龙部队在那里建立的一块“湘鄂川黔红色根据地”，如果到那儿去，能和红二、红六军团会合，这样的话兵力雄厚了，可以建立一个新的苏区。

没想到，走到湘江后的一场恶战，一下子损失了一半以上的人员，蒋介石在红军去湘西的路上布置重兵，毛泽东紧急站出来阻止——红军再往那边走就全军覆没了。这个意见终于被接受，于是红军的方向转向贵州，最终走向了西北。

红军改变行动方向，目的主要是避开敌军锋芒。到了黔西北以后，经过辗转作战，红一方面军在懋功与红四方面军会师。但会师以后依然存在同样的问题，就是到底向何方前进，因为红四方面军也是失去了川陕根据地之后，出来和红一方面军会师的。

最后红军的决定还是“北上抗日”，但直到抵达哈达铺才终于发现，原来陕北还有刘志丹，还有一块红色根据地。

那么，陕北这块根据地当时到底是怎么建起来的呢？

这块根据地应该说是和刘志丹有着极大的关系。刘志丹是陕北红军的重要代表，正是由于他和他的同志们的种种艰苦努力，才在陕北建立了这块根据地。

陕北红军的发展得从第一次国内革命战争，也就是北伐战争时开始说起。

北伐战争前，在陕西就存在着相当强的革命力量，同盟会时代在陕西就有所经营，他们在当地组成了革命武装——靖国军。这个时期说起陕西的革命领袖，典型人物并不是刘志丹，而是于右任。大家说不对啊，于右任不是大书法家吗？对，于右任是大书法家，但同时还是陕西靖国军的总指挥，他是当时孙中山派到陕西来发动革命的。他在这里发动旧民主主义革命的时候，靖国军里面就有了后来建立陕北根据地的一个重要人物，一个后来起了关键作用的共产党人——许权中。

许权中

许权中是靖国军中的一位军官，但他其实是资格很老的共产党员。许权中在靖国军里活动时，主要和谁作战呢？他们的对手是北洋军阀陈树藩的部队。双方的战斗十分激烈，笔战也同样激烈，一边陈树藩等北洋军阀媒体说了，靖国军不是革命部队，靖国军就是一帮土匪。靖国军方面回答，如果你说我们是土匪，那于右任怎么是我们的总指挥呢？于右任难道是土匪吗？

国内公认，于右任是大知识分子、革命家，人家不可能是土匪。但北洋军阀方面也很聪明，宣称于右任当然不是土匪，是被你们这群土匪绑架的。双方这么边打边吵，闹得不亦乐乎。

吵来吵去，北伐军出师之后，冯玉祥在西北起兵，支援靖国军，就这样革命力量在西北地区开始占到上风。但是这个时候革命派的军队还主要是国民党控制的，包括冯玉祥的军队。没有红色的军队，也就根本不可能有陕北的根据地。

陕北根据地的建立，最初和什么人有关呢？这个人大家可能想不到，就是邓小平。有人会说，怎么可能？邓小平是四川人不是陕西人啊？而且，他不是发动红七军、红八军在广西左右江起义的吗？怎么会跟陕北有关系呢？

黄埔军校时代的刘志丹

这是千真万确的。北伐战争期间，冯玉祥吸取兴办黄埔军校的经验，也要建立一个军校来培养军事人才，即西安的中山军事政治学校。

中山军事政治学校当时请了很多人来任教，其中就包括了许权中、史可轩，还有邓希贤等中共人员。这其中的邓希贤就是邓小平。他们在这儿培养出来的一批军事干部，后来都成为陕北红军的重要组成力量，而且这个军事团体后来还控制了一部分武装，主要是通过许权中控制了援陕第三路军，后编为第三旅。这一个旅都是由许权中，即由共产党控制的，这个旅也成为后来发动陕北红色起义的主要力量。

这时候刘志丹在哪儿？他正在黄埔军校学习，后参加北伐战争，又被派回到陕西，这样，就开始了他在故乡传奇的革命生涯。

刘志丹究竟何许人也？去看看照片，会发现刘志丹高鼻梁、大眼睛，非常帅气，绝对一个大帅哥，陕西人家说“米脂的婆姨，绥德的汉”，刘志丹的老家在宝安，他是 1903 年生于陕北宝安的，这个地方离绥德很近。刘志丹牺牲时仅仅三十三岁，还是相当年轻的，可是就这三十三年里面，刘志丹做了很多了不起的事情。

刘志丹曾在黄埔军校第四期学习，和林彪他们都是同学，这一期里出了很多将才。他在第四期学习毕业之后，参加北伐战争，又被派回到陕西。第一次大革命失败的时候，已经在冯玉祥部做到少将高参的刘志丹被“礼送出境”，他在武汉找到组织，奉命回到陕西西安，和中山军事政治学校的同志们开始共同筹划在陕西发动起义，试图建立一个陕西的红色根据地。这时候邓小平同志已经不在这儿了，之前他在冯玉祥部工作一段时间后，奉命南下，参加了重要的八七会议，但是他的影响在陕西还是蛮大的。

刘志丹等的计划是利用掌握的武装，在渭河平原到华县这一带发动一次起义。

刘志丹（后排左七）与榆林平民小学师生合影

尽管离家较久，他在当地影响还是相当大的，老百姓一听刘志丹，都是翘大拇指的，有“刘志丹，是清官”这样的说法。

刘志丹在当地怎么会有这么大影响呢？因为他从中学开始便一直闹革命。刘志丹出生在一个小康人家，所以有机会上了完整的小学和中学。他在哪儿上的中学呢？在榆林。也正是在榆林的时候，他开始跟此后与自己一直作战的一个老对手有所接触。这个人就是陕北军阀井岳秀，两人在榆林发生了激烈的冲突。

井岳秀的资历比刘志丹要老得多，他属于在辛亥革命时期开始崛起的陕北老将。他年轻时也是革命的，其兄井勿幕是陕西最重要的革命者之一，后来不幸被北洋军阀杀害。应该说井岳秀年轻的时候也是颇有朝气的，但是老了以后，镇守陕西的榆林三边一带，就成了当地的一个祸害。这是因为井岳秀出身豪族，因此在当地是支持富人的，也就是土豪劣绅的代表。

所以在当时陕北有民歌唱，“井岳秀是个坏东西”，看歌词就知道，老百姓对他很不满意。

不过刘志丹在榆林读书时，跟井岳秀的地位差得极远。一个是学生，一个已经是三边镇守使，两个人怎么会在那个时候发生矛盾呢？

原来，是刘志丹在学生中组织革命活动，结果被反动政府抓起来了，交由井岳秀来审问。

刘志丹还有一个名字叫刘景桂，井岳秀翻阅刘志丹这个案子后，觉得这个刘景桂很有才气，所以他感到有点莫名其妙，说这么有才华的一个人，为什么要把他抓起来？他的手下便说这个刘景桂想搞革命，有什么什么样的罪状，井岳秀开始倒也不以为意，但后来看到一条罪状把井岳秀给惹火了——刘景桂主张火葬。啊？这还得了？说反对军阀不过就是反对我个人而已，主张火葬，那不就是死了以后还要把我挫骨扬灰吗？

井岳秀的思想比较陈旧，于是下令把刘志丹给关了起来。好在这样的罪名算不上太严重，刘志丹想方设法从监狱中脱身出来，到南方去投了黄埔军校。也就是在黄埔军校期间，他认识了周恩来，加入了中国共产党。

等他再回到陕西的时候，人们一见就说，当年惹井岳秀的那个小伙子又回来了。这样一来，比较容易引起军阀的警觉。他因此改了自己的名字，刘景桂本来字子丹，他把自己的名字给改了，改叫刘志丹，什么意思？很明显他是在表达自己的志向，希望把陕西变成一片红色。

刘志丹建立陕北根据地的过程非常艰难，根据史料可以看到，他至少经历了三起三落。

第一“起”就是1928年5月1日，他和许权中等人共同发动渭华起义。那个时候共产党人已经控制了大概一个旅的兵力。这个旅战斗力比较强，而且起义者们找了一个机会——当时在陕西的主要军阀李虎臣都出关去和冯玉祥作战了，正好西安附近空虚。各方面条件都不错，于是渭华起义发动起来以后开始相当成功，很快在周围占领了几个县城。

当时陕西的革命者缺乏经验，虽然起义成功了，但实际上隐藏着极大的危机。原因是他们当时犯了一个重大错误——跟红军在南方犯的早期错误一样，一开始

杨虎城将军，曾经义释刘志丹

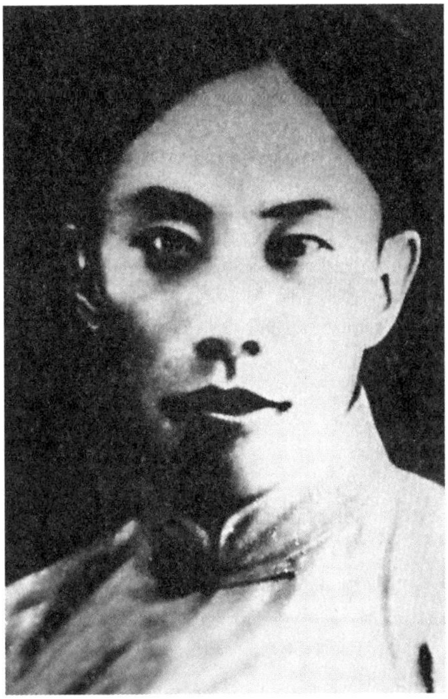
和刘志丹共同开创陕北根据地的谢子长，1935年去世

就惦记大城市。渭华起义后，兵锋直指西安，但他们没有意识到，如果要打西安的话，肯定会对当时的军阀构成极大的威胁，因为那是他们的统治中心。

出关作战的陕西军阀，马上就做出了反应。李虎臣的主力立即回头反击。当时渭华起义的部队打得应该说还是不错的，两次都打败了敌军的进攻。但是敌人的兵力越来越多，而当时的起义军并没有井冈山的经验，不懂得积蓄力量，保存火种，最终被各路军阀彻底打败，总指挥唐澍阵亡，根据地全部丧失。

渭华起义失败时，刘志丹身边只剩下几个人得以突围。他当时还是很不甘心的，于是想方设法和另一位陕北革命领导人谢子长一起悄悄活动，准备东山再起。这个过程可以去看一看陈忠实先生写的《白鹿原》，小说里描述的很多事情其实影射的都是刘志丹当初在陕北闹革命的过程。

1931年前后，刘志丹先后在陕西国民党的军队里面多次实施兵运工作，在几个地方军阀的部队里面打入地下工作者，从敌人内部试图拉部队出来兵变。当时在陕甘宁一带酝酿兵变的，并不只有刘志丹，还有一个重要的人物这时候也开始登场，就是习仲勋。1928年的时候，习仲勋中学毕业，加入了共青团，开始奉党的指示到杨虎城的部队里面去做兵运，曾发动两场兵变。刘志丹他们的努力最初并不成功，先后四次兵变都失败了。原因是地方军阀已经知道刘志丹是共产党人，他派人到军阀部队里面开始做宣传活动的时候，常常很快就暴露了。

但刘志丹锲而不舍，1931年8月，最终在陕北和谢子长等利用豪强力量建立了第一支自己的游击队，这就是后来陕北红二十六军、红二十七军的前身。部队拉出来以后逐渐控制了南梁、高照等山区，在这一带开始建立自己的根据地。年底时游击队发展到一千多人，在当时当地已经是一支相当有影响力的红色力量了。

因为是在极端困难的条件下发展起来的，刘志丹的队伍成分复杂。1928年，当时的上海中央，正处在“左”倾思想的控制之下，对陕北游击队的改造操之过急，匆忙派来一名叫作杜衡的代表，处理陕北局面。杜衡到达了陕西以后，担任省委书记，同时担任红二十六军的政委。出于种种原因，杜衡开始在部队里面排挤刘志丹，实施“左”倾激进路线。刘志丹对此深感不安。他知道，此时陕北红军最重要的问题在于怎样生存下来，要遵循什么样的法则。他的发展路线比较现实，但杜衡来了以后，实施的完全是空想主义。双方发生矛盾的结果是杜衡利用其地位排斥了陕北地方同志，把谢子长弄到上海去学习，把许权中弄到苏联去学习，而他则掌握了对陕北红军的控制权。

不久，杜衡提出了一个激进的作战方案，这个方案刘志丹坚决反对。杜衡主张放弃南梁根据地，直接去打西安，又来一次攻打大城市的冒险。刘志丹此时已经是孤掌难鸣，无力反对。结果怎么样？就是《白鹿原》里写的那一段——一千多人的部队在山里面看着还挺多的，到平原一数，从头能看到尾，就这样的一支部队去打西安吗？当时西安的军阀部队有几万名敌军，怎么能打得下来？

所以走到半路的时候，杜衡自己可能都觉得这个作战计划无法实现。他没有把部队带回去，却自己脱队了，自称要到西安的省委开会。令人惊讶的是，这位以极“左”著称的杜衡到了西安以后成了一个叛徒，他把刘志丹他们在陕北苦心经营、先后发展的五百多个地下党员都出卖了。

而杜衡脱队之后，部队已经被拉到了平原。敌众我寡，红军在平原难以战胜四面围攻的国民党军，于是部队又被打散。

刘志丹最后只带着十几个警卫员退到山里去，并且遭到敌军的步步追击。他不得不边打边退，一路和敌人作战，十几个警卫员一个一个地先后牺牲。最后只剩他和一个警卫员，这时候又遭到敌人的攻击，混战中刘志丹掉下山崖，腿部受伤，几天没有食物，差点饿死。幸好后来警卫员找到了他，才把他救了。

不得不说刘志丹的性格极为坚韧。在这种情况下他还是不放弃，继续深入敌人内部组织兵变。这次组织兵变的时候，他不幸被叛徒出卖被捕，关在监狱里面，情况很危险。当时有同志设法去看他，刘志丹却非常豪迈，笑说在监狱里我就当休息了，要是真牺牲了的话，你们不要管我，接着干你们的。

当时陕西省委等各个方面都在想方设法营救他，怎么营救呢？还是利用他的才华，因为刘志丹的才华在陕西的一些人士中很有影响，大家不管政治立场，普遍认为这是一个陕西才子，杀了太可惜。

最终两个关系起了关键作用。一个是杨虎城的秘书长，地下党员南汉宸；一个是当时陕西的教育局局长杜斌丞。他们两个人在杨虎城面前寻机建议，说刘景桂，其实就是刘志丹，才华出众，把他杀了很可惜。杨虎城也是个爱才之人，而且他出身穷苦，对共产党的主张并不十分抵触。于是经过思考之后，杨虎城便把刘志丹放了。

1933 年，刘志丹再次开始组织自己的部队。这一次吸取了前两次的经验和教训，建立武装以后不再急于向南，也就是不再向西安方向发展，而是转向北边，去打当年反对火葬的井岳秀及其附近的另一个军阀高桂滋。

应该说这是找到了当时陕北革命的发力点。这两个军阀在国民党统治力量中都是属于比较边缘的，而且他们周围的环境比较艰苦。这个苦不是指军阀们自己苦，这两个军阀都以豪奢著称，但是他们的部队在当地因为经济环境贫瘠，所以装备比较差，人员也比较少。刘志丹拉起部队以后专打他们，几仗下来就把这两个军阀打得服服帖帖的，但他们又不希望其他军阀染指自己的地盘，只能任由红军发展。刘志丹在清涧、吴堡一带开始建立了自己的根据地，这就是陕北根据地的发源之处。

刘志丹打的这两路军阀，后来的命运如何呢？这两支敌军其中有一支高桂滋部的十七军，到抗战的时候还成为了八路军的友军，井岳秀就没那么幸运了，1936 年的时候就死掉了，他的死也挺奇怪的。被刘志丹打败后，他率部退到榆林县城里面去了，倒也没有受到致命损失。1936 年春节那天，他的姨太太正好过生日，井岳秀很高兴，便跟姨太太们一起打麻将，正好赶上一个姨太太打出一张牌三个人都和。这事很新鲜，所以井岳秀起身来看，嘴里还说着怎么这么有趣，却不料一起身，手枪掉在地上走火了。“啪”的一声枪响，井岳秀一愣，还问，打着你们谁没？这话问完了便仰天倒下。原来，被打到的就是他自己，而且正中要害。

且不去提井岳秀的命运，刘志丹就这样开始慢慢地把陕北的根据地发展起来，这个根据地有多大呢？有七个县是红军完全占领的，还有二十三个县红军具有极大的辐射与影响。国民党到这二十三个县里面，基本上就跟在红区行军是一样的，完全没有在自己地盘上的那种感觉，只是县城依然为国民党方面占领而已。

在这种环境之下，刘志丹还有一个很特殊的贡献，这是以前一直鲜有人注意到的——刘志丹在扩建根据地的过程中，占领了当时中国在西北唯一的一个炼油厂。

这个炼油厂位于延长，当时称为延长油田。刘志丹占领了延长的油田以后，还把当地的工人都保留了下来，让他们想方设法继续采油，采油以后，经过简单的分炼，以灯油、石蜡等产品出售。这大概是陕甘晋边区最早的工业基础。刘志丹所部红军在陕北逐渐发展起来以后，兵力发展到两个军——但这两个军是对外声称的编制，实际兵力大概能达到三四千人，这支部队就是红二十五军到达前陕北红军的主力。

1935 年，这支部队先后两次粉碎了当时国民党军队的“围剿”，在陕北站住了脚，也因此上了国民党方面的新闻。于是中央红军发现还有这么一块根据地，便往陕北来和刘志丹会合。这期间可说既有必然性，也有很大的偶然性。

值得一提的是，说刘志丹在陕北终于站住脚了，并不是指打了几个胜仗，击退了国民党军队的两次“围剿”，而是陕北红军建立了自己的政权。这就是著名的陕北苏维埃。陕甘边区苏维埃政府1934年11月建立，主席就是曾组织两场兵变的习仲勋。

在陕北搞兵运，试图在国民党军内部发动兵变的习仲勋

习仲勋当时年纪很轻，只有二十一岁，刘志丹让他来担任苏维埃的主席，他表示自己威望不够，有点困难。刘志丹说不要紧，我来帮助你。有一次，刘志丹在红军开办的军政学校给军政干部们讲课，正讲着，看到习仲勋过来了，刘志丹马上站起来敬了一个礼，说主席好——因为习仲勋当时是苏维埃政府的主席嘛——请习主席讲话。这样一来，习仲勋就给部队的干部们讲了话。这次讲完以后，部队的官兵一看刘志丹这么尊重习仲勋，就知道这个苏维埃政府是非常

有权威的了。刘志丹自己后来也讲了，我们自己现在建立了政府，所以一切要尊重我们的政府，不能以军压政，就是不能拿着军队的力量来压制政府。就这样，刘志丹在陕北建立了一个清廉且又能为老百姓所接受的红色政权，苏区就这样巩固起来了。

在哈达铺得知陕北根据地的消息后，中央红军马上北上，准备和陕北红军会合。可是到达吴起镇，准备会合之前，毛泽东等人却发现了一个让大家非常吃惊的事情——国民党都说这支陕北红军的领袖是刘志丹，但等到达了陕北的时候，当地前来接应的干部却说刘志丹已经被抓起来了，关在瓦窑堡，这还得了？

毛泽东和当时中央的负责人洛甫，也就是张闻天，一起研究了这件事。最终决定，立即派人马上赶到瓦窑堡去，把刘志丹保下来。

当时不止刘志丹被关起来了，习仲勋等陕北的高级干部也大多被关起来了，陕北怎么会发生这样巨大的变化呢？

这还是上海临时中央当年“左”倾问题造成的余波。杜衡叛变之前，曾向上海临时中央报告刘志丹等的“右倾”问题。在执行极“左”路线的上海临时中央的影响下，1935 年 7 月，所谓中央代表朱理治等来到陕北，他们认定陕北红军和根据地存在重大“右倾”问题，其矛头直接指向刘志丹。刘志丹当时在陕北威望很高，但是由于他在建立根据地的过程之中，要利用很多的方法来实施兵变，以保障红军的生存，所以他跟那些旧军队的人员是有一定来往的。这中间他争取了很多旧军队的人员，加入到共产党一方，可是在“左”倾领导人看来，这样的联系便成为了刘志丹的罪状。例如红二十五军在向陕北进军的过程中，曾经消灭了当时杨虎城部下的警备第三旅，抓住了他们的旅长、打入国民党军中的地下党员张汉民同志。张汉民本意是利用自己的身份避免和红二十五军发生战斗，使其顺利通过杨虎城的防区，但因为双方之间没有直接的组织关系，结果红二十五军的部队误杀了他，而且因为他自称共产党员，接受刘志丹的领导，使一些“肃反”人员对刘志丹更加怀疑。

但是即使以中央代表的身份，这些“肃反”人员要抓刘志丹，也不敢轻易下手。因为刘志丹当时在陕北的威望太高了，在整个部队里你要动他的话，指战员都要跟你拼命的。于是他们就想了一个办法，写了一封信，给红二十五军长征到达陕北的指挥员，要红二十五军的人帮忙去抓刘志丹——当时红二十五军正和红二十六军在前线并肩作战，如果红二十五军的指挥员拿到这封信的话，估计也要据理力争。

可是这封信最后没有到达红二十五军指挥员手里，而是被直接送到了刘志丹手里。因为这个通信员不知道内容，只知道是送给军首长的，所以见到刘志丹，就把信交了。刘志丹打开一看，明白是抓自己的，这个时候他的性格特质就体现出来了。

刘志丹是一个正直温厚的人，看到这种情况，就自己拿着这封信，骑着马直接到了“肃反”办公室，主动就缚。他被抓起来以后，陕北根据地的很多领导人包括习仲勋都被抓了起来。刘志丹相信问题总是会搞清的，但以当时“肃反”的残酷性，很难确信刘志丹等人能逃过劫难。幸亏这时候，中央红军及时赶到，把他们解救了出来。刘志丹后来被任命为红二十八军军长，参加了红军对阎锡山部队的东征，但是不幸在三交镇战役中牺牲。

据说刘志丹被解救出来以后见到了毛泽东，第一眼看到毛泽东的鞋都是破的，让他觉得很感慨，于是回来后让自己的妻子同桂荣马上给毛泽东做了一双鞋。同桂荣花两天时间做好了鞋送过去，毛泽东穿上以后感觉非常好，专门夸赞了同桂荣的手艺。

同时习仲勋也被放了出来。放出来的时候，毛泽东还跟他见了一次面，毛泽东见他的时候很吃惊——居然有这么年轻的二十一岁的苏维埃主席啊！毛泽东当时还跟他开了句玩笑说咱们两个是同行。

这是因为毛泽东在中央苏区的时候，也是中央苏区的苏维埃政府主席，他们两个所干的是同样的工作。

把这些陕北的红军领导人解救出来，应该说是中央红军当时所做的一个非常正确的决定。红一方面军到达陕北的时候，情况非常艰难，部队只剩七八千人，给养物资等严重匮乏。由于刘志丹等人的威望很高，解救他们，便使陕北根据地的老百姓信任了中央红军，后来给予了中央红军极大的支持，使红军顺利在

在陕北担任苏维埃主席期间的习仲勋

陕北站住了脚。陕北当时拿了最大的力量来迎接中央红军，当时陕北根据地只有四十万人口，但是无论在吃、穿，还是药品方面，都尽量使中央红军能够有回家的感觉。

就是在这个过程之中，先到陕北的徐海东做了一件后来被认为是对革命有大功的事情。因为物资奇缺，天气已经寒冷，毛泽东派出代表去找先到达陕北的徐海东，问能不能先借三千块大洋救急。听到这个话以后，徐海东心里很难过，就问自己身边的司务长，现在还有多少钱，司务长回答现在全军还有六千块钱。徐海东下令六千块钱留下一千,五千给中央红军。这五千大洋给了中央红军救了急，使红一方面军能够有足够的冬装度过第一个陕北的冬天。

红军在长征中有一次又一次的会师，但标志着长征胜利的几次会师，都发生在陕甘宁根据地。

1935 年 9 月 16 日，中共鄂豫陕省委率领红二十五军三千四百多人到达陕北延

红军会师的时候，大家的军服都不一样

川县永坪镇，同陕甘红二十六军和红二十七军会师。

1935 年 10 月 9 日，红一方面军到达陕北吴起镇，与陕北红军会师。

1936 年 10 月 9 日，红四方面军到达甘肃的会宁，与红一方面军和陕北红军会师。

1936 年 10 月 22 日，红二方面军到达宁夏将台堡，与红一、红四方面军实现会师，至此，红军三大主力均到达陕北。

此时，离后来的西安事变也仅不到两个月的时间了，应该说这次会师既是长征的一个收尾，同时也是红军走向新的战场的一个开端。

从这一次次会师，我们可以看出陕北——陕甘宁这块根据地对于红军、对于长征来说，具有怎样的意义。所谓继往开来，红军以此地而开始新的征程，是十分贴切的描述。因此，刘志丹等陕甘宁根据地的开拓者，也将被历史永远铭记，不可磨灭。

孤独的军团

——长征中第一支到达陕北的红军

1935年9月16日，刘志丹和习仲勋率领的陕北红军迎来了第一批前来会师的战友，一名脸上有个“大酒窝”的将军率领部队抵达延川县的永坪镇，揭开了红军陕北会师的序幕。此时，中央红军还在向吴起镇前进的途中。

这个带着“大酒窝”的红军将领便是徐海东，他率领的这支部队名叫红二十五军。

斯诺拍摄的徐海东

红二十五军和陕北红军在永坪会师的场面

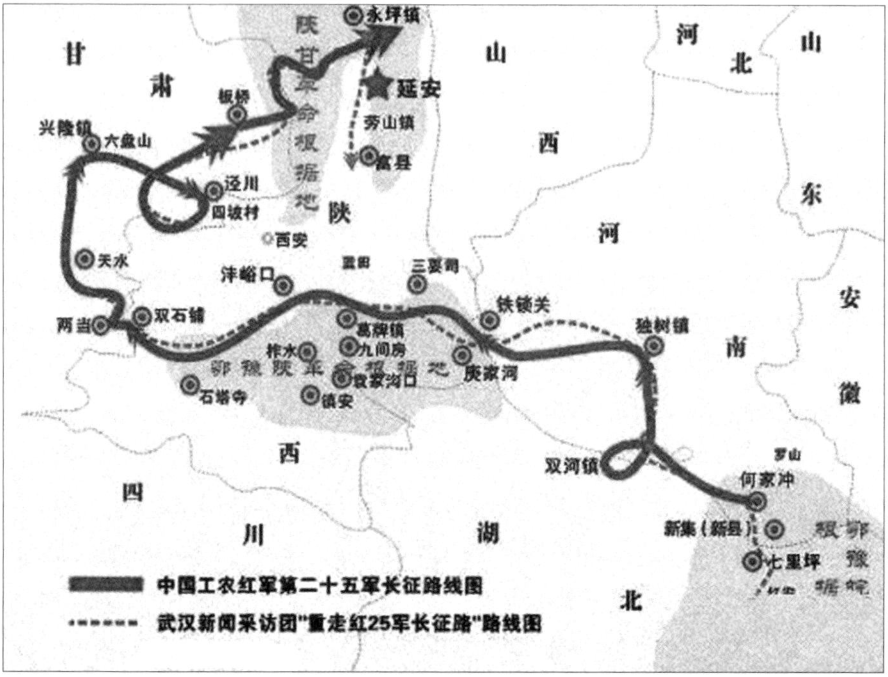

红二十五军长征路线图

如果看红军长征的地图，会发现在从豫南到陕北之间，有一条孤独的红线，红二十五军走了一条与其他红军迥然不同的行进路线，这支孤军出发的时间是1934年11月16日，出发的地点是河南罗山县何家冲，他们没有去寻找主力部队会师，而是靠自己的力量直接完成了这次远征。他们的路线很独特。包括中央红军、红二、红四方面军主力在内的大部分红军都是沿着四川西部的雪山草地北上的，而徐海东等指挥的红二十五军长征路线，却是从中原腹地直插北方，因此有人称红二十五军的进军为“小长征”。

这样的行进路线要比其他红军部队更接近东部平原地区，也更接近当时各路军阀统治的核心地带，可想而知，这支红军的出现，会引来怎样的震动。

事实上，红二十五军长征造成的冲击效应，和捅了马蜂窝差不多。他们不得不先后和国民党十余万各路堵截部队展开激战，最终杀出了重围，而且有着令人不可思议的战绩。

他们在长征中兵力没有下降反而有所上升，是唯一一支越打越多的红军。

他们在长征中付出了重大代价，主要领导人不是负重伤便是牺牲。

他们在长征中建立了一个新的根据地，包括相当完善的县乡地方组织。

他们在到达陕北时还有“一大笔钱”，以至于可以资助中央红军，令毛泽东几十年后还念念不忘。

……

在这次精彩的远征之中，红二十五军的三位主要领导人，吴焕先在长征途中牺牲，程子华在1955年授衔前便转入地方工作，徐海东则在后世的中国军人眼中成为这支红军的代表人物。他指挥红二十五军先后和国民党军的中央军、东北军、西北军、陕军、马家军发生战斗，每战必胜，打得国民党军闻“徐老虎”便望风而逃，蒋介石恼羞成怒，称“徐海东为文明之一大害”。

因为徐海东这种边走边打、行动飘忽的风格，1941年日本记者波多野乾一写作《延安水浒传》的时候，将其称为红色军队中的“拼命三郎石秀”，而美国记者埃德加·斯诺的《西行漫记》中写道：“中国共产党的军事领导人中，恐怕没有人能比徐海东更加‘大名鼎鼎’，也肯定没有人能比他更加神秘了。”其威名可算远扬域外。

有意思的是，尽管和“徐老虎”交手的国民党军将领出自保定军校者有之，出自日本士官学校者有之，打败他们的徐海东却没有接受过任何正规的军事教育。徐海东，1900年6月17日生于湖北黄陂徐家桥村，出身贫寒，祖上几代都是陶器工人，其本人也当过十一年的窑工。他在1925年加入中国共产党，而在从军参加北伐前对军事一无所知。

徐海东

徐海东的军事教育用他自己的话说就是在“青山大学”完成的。这是一名极为彪悍的将领，从北伐攻打汀泗桥开始，他在战争中曾九次负伤，身上有十七个弹孔。在打仗中学习打仗，又在战争之中锻打出深藏在心底的豪勇和军事智慧，徐海东代表着红色军队中一大批行伍出身的优秀将领，他们在中国军事史上的地位可能空前绝后。

在个人品质上，徐海东是正直耿介的典型。面对错误路线动辄杀人的高压，很多人噤若寒蝉，唯独徐海东会力保他认为不应该打击的干部，理由非常质朴——对方出身穷人。在徐海东看来，出身穷人便代表着好人。但他也直言不讳地说曾见到过真心支持抗战的富人，富人也不见得都是坏人。面对这样一个光明磊落的人，尽管处在张国焘极“左”思潮的强烈影响下，鄂豫皖省委书记沈泽民（茅盾的弟弟）曾叹道，只要我不死便不许动徐海东。

在战场上徐海东的作战集凶悍和刁钻于一体，既勇猛，又善于运用高超的战术。其军事指挥令红军各级指挥官尽皆赞叹。他对于地形和战机的把握近乎天成，即便以寡敌众，也经常打出俘虏比自己部队还多的战绩。有人这样描述徐海东的指挥艺术：“在他所指挥的战役中，失败的时候很少。而他最喜欢的战法，是一种出其不意的奇袭，总是从对方的侧后方去攻击其中心，使敌人措手不及地溃退。他这种战法，叫作从肋骨下去抓敌人的心。”斯诺之所以说他神秘，一个重要的原因便是很少有对手面对徐海东的时候能想明白，到底对抗的是一头猛虎还是一只狡狐。

当然，徐海东的出色，也要有红二十五军这支特殊的劲旅与之相配，虎将才能真正发挥出势不可挡的威风。

猛将配精兵，这支独特的红军有着怎样的渊源，是什么原因使他们进行了这次孤独的远征呢？

徐海东缴获的东北军迫击炮

红二十五军出自鄂豫皖，它本是红四方面军的一部分。鄂豫皖是红四方面军的摇篮，曾有维持数年的红色政权“鄂豫皖省”。1932 年夏初，蒋介石自任鄂豫皖三省“剿匪”总司令，调集二十六个师零五个旅共三十余万人，对鄂豫皖苏区进行大规模的第四次“围剿”。红四方面军以寡敌众，奋力苦战，与敌鏖战到秋季仍未能扭转战局，不得不在 1932 年 10 月撤出鄂豫皖苏区，向川陕地区实行战略转移。此时，还有大约五个团及一个特务营的红军留在苏区，掩护主力突围，他们一度失去统一的领导和指挥，但仍然各自为战，独立自主地坚持苏区反“围剿”作战，是为红二十五军的前身。

留守鄂豫皖的红四方面军部队曾使用过红二十五、红二十七、红二十八三个军的番号，这支部队在艰苦的转战之中渐渐恢复，1933 年 4 月统一编为红二十五军，军长吴焕先，副军长先后为廖荣坤、徐海东，总兵力达到一万三千多人。但此时红四方面军在张国焘主持下路线极度“左”倾冒险，错误地在七里坪与绝对优势的国民党军展开决战，此战的失利不但造成红四方面军被迫放弃川陕根据地开始长征，而且给红二十五军带来过半的伤亡。

1934 年 4 月，分路退回的红二十五军各部再次集结，重新整编，由徐海东就任军长，吴焕先任政委。退回鄂豫皖的红二十五军如同负伤的老虎，在国民党军五路“围剿”中苦苦鏖战。困境中，鄂豫皖省委认为红四方面军已经不大可能回师，于是通过成仿吾控制的交通线向党中央报告鄂豫皖的斗争形势及困难处境，请求对未来斗争方向的指示。

中央接到告急十分重视，经过对情况的研判，周恩来派出经验丰富的红色军事家程子华前往鄂豫皖，要求红二十五军进行战略转移。1934年11月，鄂东北道委书记郑位三派人通知红二十五军主力赶到鄂东，接受到达这里的程子华宣布中央指示。11月11日，省委领导在光山县花山寨举行常委会议。会后，红二十五军西移至罗山县何家冲一带，对部队进行了整编，做转移前的动员及准备。随后，根据党中央的指示决定红二十五军立即向北方桐柏山区进行战略转移，对外称“中国工农红军北上抗日第二先遣队”，另留一部分部队由高敬亭指挥，在皖西坚持战斗，这支部队抗战后改编为新四军第四支队。16日，全军出发。

徐海东回忆，部队出发前的总兵力为2987人。

在出发前，红二十五军还狠狠地和闻讯四面包围而来的国民党军打了一仗。当时国民党东北军一〇七、一二〇两个师和河南军阀刘镇华部两个师同时来犯，徐海东抓住战斗力强、装备好的东北军开刀，对其迎头痛击。东北军因为轻弃故乡对内战毫无兴趣，稍一抵抗便溃散，仅机枪便被缴获了一百多挺。此战吓得刘镇华不战而退，长征开始后第二天红军便顺利通过平汉线，开始进入桐柏山区。

别的部队开始长征时难免遭到敌军的围追堵截，红二十五军开始长征时，却是附近敌军根本不敢追。

值得注意的是，红二十五军在出发前部队进行了整编，由两个师缩编为三个步兵团和一个手枪团，以简化指挥层次。同时，出于对中央的尊重，听说程子华在中央红军曾担任过师长，徐海东便建议由程子华担任改编后的军长，自己仅任副军长。这一决定得到了省委的批准，但谦逊的程子华深知徐海东在鄂豫皖的斗争经验，因此毫无保留地在军事指挥方面给予他宝贵的信任，这令红二十五军的作战指挥没有出现波动和混乱。

当部队即将出发的时候，必然要进行政治动员，为隐蔽我军行动意图，只说要准备“打远游击”。这时，部分伤病员被安置到了当地老乡家养伤，也有一些

部分参加长征的女红军 1949 年在北京的合影

被认为不适合随队行动的人员被要求留下。

然而，有几名战士却不肯服从命令。她们就是被称为“七仙女”的红二十五军医院中的七名女看护：周少兰、戴觉敏、余国清、田喜兰、曾纪兰、张桂香和曹宗楷。这些女孩子大多出身很苦，对部队感情极深，因此尽管负责处理留守事务的师政治部主任戴季英反复动员，她们就是不肯留下。末了，徐海东看到此情此景，为她们说了情：“这些女孩子，都经历过最艰苦的考验，她们既然有决心，就给她们一个锻炼的机会，又有何不可呢？”

结果，“七仙女”便和男战士们一起踏上了长征的征途。

这段征程的确很不容易，但女孩子们坚持下来了。最困难的时候，她们依然坚决表示：“部队走到哪里，我们就跟到哪里，我们活着是红军的人，死了是红军的鬼，叫我们离开部队，坚决不走。”最终，她们都胜利走完了长征。

应该说徐海东帮了她们的忙，但是徐海东没有想到，这也是帮了自己的忙，“七仙女”里面，有一个会成为他的救命恩人和终身伴侣。

徐海东的手下败将、西北军名将庞炳勋

长征的旅程是曲折的，到达桐柏山区的红二十五军很快发现这里离武汉太近，敌我力量悬殊，并不具备建立根据地的条件。经过讨论，随军行动的鄂豫皖省委决定改道进入豫西伏牛山地区。这时，徐海东再显神通，他先是回头击溃了一直跟随在后的国民党追剿部队刘桂堂部，而后亲自带队佯攻枣阳，迫国民党军主力回防，而后虚晃一枪，率队急行三天三夜，进入了伏牛山区边缘。刘桂堂本为惯匪，绰号“刘黑七”，国民党军以其跟随于红二十五军身后，本意是借用其丰富的山地作战经验避免中伏，谁知徐海东没有设伏，反而掉头迎面痛击，当即将其打垮。

但在平原丘陵地带，国民党军的机动能力明显高于红军，终于在红军深入伏牛山前先到达了山口。这一次，来的是国民党西北军老将庞炳勋，1934 年 11 月 26 日，红二十五军前梯队第二二四团进至方城独树镇七里岗附近准备通过公路，后尾一直在和围追的敌军缠斗。但庞部第四十军其实已于两小时前到达，突然向红军行军队形展开猛烈攻击，红军仓促转入防御，而此时天气十分寒冷，许多红军战士的枪支因枪机冻住无法打响。千钧一发之际，军政委吴焕先从交通队员身上抽出一把大刀，率直属部队冲向敌军，与其展开肉搏。西北军本以肉搏为傲，但从未见过红军这样从上到下拼命的队伍，一时士气大挫。而徐海东本来率领后卫二二三团阻击追兵，这时立刻下令跑步抛开敌军，直扑前方，他的及时回援使敌军十分意外，双方陷入激战。有村民回忆：

在庄上听到七里岗上一阵枪响之后，看见红军的旗倒了，接着又见一个红军扛着红旗往前冲，一连冲了两次，红军战士打得猛、不怕死，一直冲到白土崖。

独树镇战斗其实反映了红二十五军的特点，那就是不仅徐海东指挥出色，而

独树镇战场遗址

且这支部队上到最高指挥官，下到普通战士，人人都有悍不畏死的精神。

经过一番恶战，红二十五军打退了敌军的伏击，安然退去。此时，后卫敌军还在瞻前顾后慢吞吞地往前探路呢。当天晚上，红军在当地老乡的引领下绕过敌军防线，两天后，与敌在澧河一带再次激烈交战，基本打退了敌军的围追堵截，进入伏牛山区。这两仗，红军伤亡都有数百人之多。

独树镇血战后，国民党方面十分恼怒，于是调集十九路军等部队进入伏牛山区，并严令当地土豪别廷芳分兵守口，控制各个堡寨，力图歼灭红军于这一地区。

庾家河镇，徐海东等开会的地址，战斗随即在这里开始

其实，在他们忙活的时候，红军早已离开了伏牛山。考虑到当地人口稀少，敌军又已经有备，徐海东一面亲率手枪团在当地找房子，虚晃一枪作长驻迹象，同时指挥部队寻找向北进入陕西的通道。最终，在一名山西货郎的帮助下，找到一条号称“七十二道文峪河，二十五里脚不干”的秘密入陕小路。12月8日拂晓，红二十五军跳出敌将陈沛筹谋多日的堵击防线，直奔豫陕交界的铁锁关，就此进入陕西境内。这里物产丰富，敌军力量尚不集中，红军活动条件比在河南时好得多。12月8日，徐海东率前卫团手枪团打响了在陕西的第一仗，歼灭三要司守敌四十二师一个营，12月10日，占领山中小镇庾家河，省委在这里召开了第十八次常委会，开始了建立新根据地的工作。然而，红二十五军长征中最严酷的战斗，也在这里等待着他们。

据当年一位亲历者回忆：

徐海东手下败将、国民党军第六十师中将师长陈沛

那天上午十点多，军领导正在开会，我突然听见后山七里荫岭方向响起枪声，紧接着看见程子华他们提着枪从南房出来，带着人直接就朝山上跑……

原来，是国民党军第六十师中将师长陈沛亲自带队，突然对入陕红军发动了袭击。陈沛是黄埔军校一期生，蒋介石嫡系，颇有战略头脑，他在率部布防省境阻击红军长征入陕的计划落空后，断定红二十五军“必取道核桃坪、庾家河，向龙驹寨”前进，于是部署三个团取捷径追击，终于在庾家河赶上了红军。遭遇战中，敌先我一步抢占了东山坳口，对红二十五军形成了泰山压顶的态势。

不过红军反应十分迅速，徐海东当即带领全军最能打的二二三团勇猛冲入敌群，一阵猛打，硬是从敌人手里夺回了东山坳口。接着，二二四团、二二五团跑步抢占了坳口南北两侧的高地，占据了地理优势。应该说，陈沛所部在行军中队形松散，导致开战时只有一个团在战场上，同时遭受红军三个团打击，是其一大失误。但他毕竟是一员猛将，遂立即组织其余两个团猛扑过来，重新争夺坳口。这场战斗最终红军取得了胜利——陈沛无论如何也想不到，红军居然有一百多挺机枪，而且弹药极为充足，打得国民党军完全抬不起头来，只能败退。

这要感谢东北军在鄂豫皖和长征沿途给红军充当了“运输队长”，红二十五军的精良装备主要来自缴获。

尽管取胜，但由于前面夺回了坳口，红军方面对陈沛的第二次攻击多少有些意外，竟然导致徐海东和程子华先后在此战中负伤，而且伤势都很重。程子华双臂负伤，一度无法指挥战斗，而徐海东则被敌一发子弹击中眼睛下方，从颈后穿

徐海东的夫人周东屏

周东屏与徐海东合影

出，负伤极重。尽管医生及时为其进行了止血，但堵在徐海东喉咙中的血块却使他几乎无法呼吸，生命垂危。

这时，“七仙女”中的周少兰果断地用嘴将徐海东的淤血一口口吸出，才挽救了他的生命。此后，在护理的过程中，徐海东被这个爽快而又细心的女孩子吸引，两人最终结合，成了红二十五军令人羡慕的一对模范夫妇。意味深长的是，周少兰从此改名周东屏，意为屏护徐海东。

这一战之后，红二十五军迅速建立了以镇安为中心的鄂豫陕游击根据地，地域包括佛坪、宁陕、洋县各地，不但扩编了近千红军，而且开展了包括建立游击师和乡政权的各项工作。

在北非战场上，英国名将蒙哥马利说过这样一句话：“阿拉曼之前我们不知胜利，阿拉曼之后我们不知失败。”

庾家河之战是红二十五军长征中最为惨烈，也是干部损失最大的战斗之一，但此后红二十五军基本掌握了对敌作战的主动权。

1935 年 1 月至 2 月，红二十五军在葛牌镇、蔡玉窑、文公岭消灭了陕军一二六旅主力，陕军悍将、少将旅长柳彦彪仅带少数人逃走。

3 月至 7 月，红二十五军连续三次设伏，先后歼灭陕军三个旅，三个旅长两俘

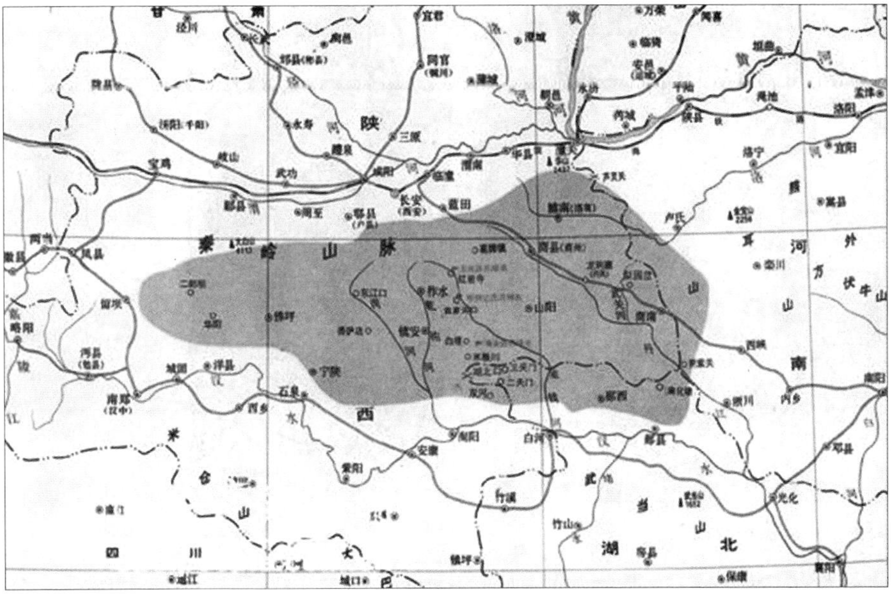

红二十五军长征中开辟的鄂豫陕苏区

一伤。根据地扩大到洛南、商县、商南、卢氏。

同时，红二十五军开始策应红军整体的长征行动。7 月 15 日，原鄂豫皖省委交通员石健民从上海经西安到达红二十五军驻地，带来了党中央的文件，并确切证实了中央红军与红四方面军在川西会师和准备北上的消息。当晚，鄂豫陕省委在长安县沣峪口召开紧急会议，决定立即率领红二十五军北进，与陕北红军会师，提出“迎接党中央、迎接主力红军”的战斗口号，迎接中央红军北上。

7 月 16 日，徐海东等率领红二十五军开始再次踏上征途。这一次，他们一路势如破竹，并曾为掩护红军主力突入甘肃，占领胡宗南部后方大本营天水，夺取大量物资，并进军西安城下，迫使国民党军抽调大量部队迎战，从而减轻了中央红军的压力。唯一的遗憾是在 8 月泾川战斗中，优秀的红二十五军指挥员、政委吴焕先壮烈牺牲。9 月，红二十五军进行改组，由徐海东任军长，程子华任政治委员。9 月 15 日，红二十五军先头部队与刘志丹率领的陕北红军会师，第一支远征而来的红军到达了陕北。

徐海东（右）和吴焕先（左）合影

徐海东率领的中国工农红军第二十五军堪称长征先锋。他们在长征途中，抗击了三十多个敌团的围追堵截，不仅没有减员，到陕北时，部队还增加了八百多人，装备之精良超过国民党嫡系部队。更可贵的是，在全国各革命根据地大部分损失的情况下，他们仍能在途中创建鄂豫陕革命根据地，为革命事业增加了新鲜血液。

特别是他们到达陕北，巩固了这块根据地，为各路红军的到达打下了坚实的基础。难怪谈到红二十五军的历史功绩，毛泽东会称赞徐海东是为中国革命立了大功的人。

对于这支部队而言，到达陕北并不是长征的结束，徐海东和他的部队，也是稳定陕北根据地的重要力量。在中央红军到达陕北之前，徐海东和刘志丹联手，接连几次击败在陕北“剿共”的国民党军，扩大了根据地，也为红军主力的到来拓展了生存空间，其中关键一战，便是榆林桥之战。

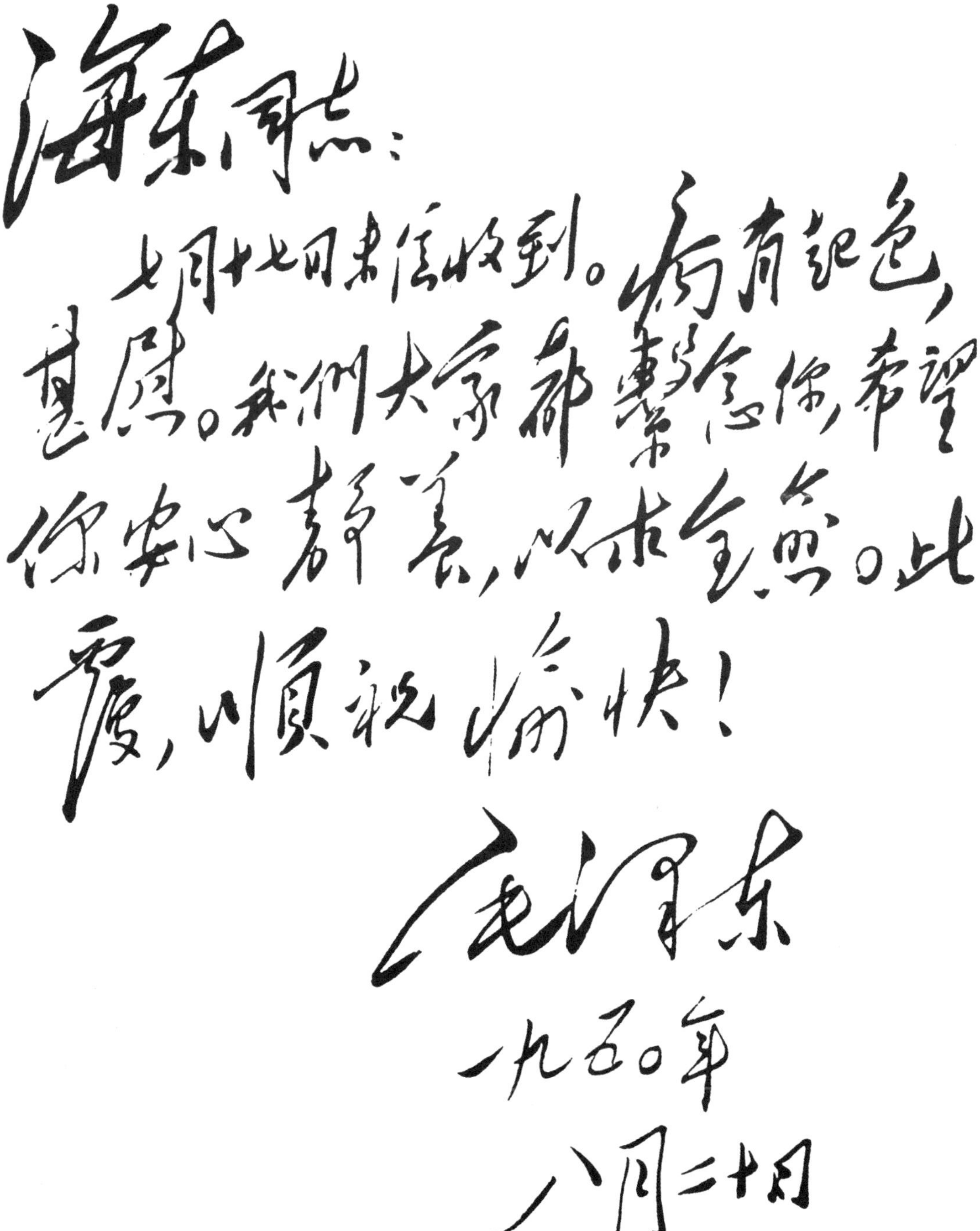

海东同志：

七月十七日来信收到。病有起色，甚慰。我们大家都惦念你，希望你安心静养，以求全愈。此复，顺祝愉快！

毛泽东

一九五〇年八月二十日

新中国成立后毛泽东写给徐海东的信

猛虎斗貔貅
——徐海东大战榆林桥

一

在西安事变中，有一个重要的历史人物，那就是原东北军团长高福源。根据记载，他本是张学良的亲信，是在和红军作战中被俘而进入陕北根据地的，在那里他接受了东北军和红军联合，枪口一致对外、共同抗日的主张，并主动返回西安冒死说服张学良。高福源的努力，为促进张学良接近红军，并最终发动西安事变，起到了重大作用。

电视剧《西安事变》中有高福源返回西安面见张学良并与其争论的场面。电影中的高福源，是一个很有军人气质的高级军官，对军事感兴趣的朋友忍不住会想，像高福源这样一个看来很会打仗的军官，怎么会吃败仗，又是怎么被红军俘虏的呢？

按照电影中的情节，高福源是在直罗镇战役中被俘的，有一个镜头是在红军的重围中，他用力晃动重伤的师长，发现师长已经死了才将其放下，转身肃立拔枪欲自杀，却被红军一枪击中腋下，于是被俘。

事实上真正的高福源并不是在直罗镇战役中被俘的，电影中战死的东北军师长确有其人，便是东北军一〇九师师长牛元峰。牛元峰本来是东北军的后勤司令，

榆林桥守将高福源

让他带一个师有点勉为其难，直罗镇战役中，他阵亡于老牛湾，部队也全军覆没。不过，直罗镇战役发生在 1935 年 11 月，高福源则是在这之前 10 月 25 日的榆林桥之战中被俘的。

真实的高福源的确是一名优秀的军官。他的经历也很有意思。高福源是辽宁营口人，早年在北京上学，是汇文中学的学生，毕业后考入辅仁大学。考虑到辅仁大学是北京师范大学的前身，笔者和他还能攀上校友呢。不过家里世代行武，所以大学没有上完他就转入东北讲武堂学习，开始了军人生涯。他是讲武堂的优等生，深受张学良的器重，被选送到日本士官学校学习（一说没有赴日，而是在东北陆军高等军事研究班第三期学习）。此后，一直在张学良最亲信的边防军第七旅任职。这个旅是张学良父子的警卫旅，九一八事变时在北大营的就是这个旅。高福源军事素质高，作战勇猛有章法，是张学良身边一头地地道道的“猛虎”。

那么，这头猛虎怎么就成了红军的俘虏呢？

那也不奇怪，因为这头猛虎在榆林桥碰上了一头红军中的“貔貅”——那就是红军第十五军团司令官徐海东。

貔貅，是传说中的猛兽，《史记》中与熊并列，似乎也是一种体态雄壮的巨兽。徐海东大将面庞丰腴，倒是真和这样的描述有几分相似，不过，他在作战中的凶猛，更像传说中的貔貅。

之所以想重述这段历史，是因为朋友舟自横让我去看他的一篇作品——《徐海东为何在开国大将中名列第二》，看完了笔者想留言，可能因为系统问题，留言总是不成功。可是这篇文章却引起了我写作的兴趣。

徐海东大将因为早年曾身负重伤，抗战开始以后出于身体原因不再能指挥一线作战，所以此后的战绩不丰，对于他的军事才能，后人了解不多，远不如对许世友、吕正操这样的少壮派将领那样深入。

其实，这是一个很令人遗憾的事情。因为徐海东打仗实在是精彩，精彩到直至 1940 年日军都在认真研究这位早已离开一线的红军将领，对他十分忌惮。如果他不是身体不好，那说不定八路军会出另一个徐帅的！

徐海东真的这样能打吗？

在红军诸多的将星中，这样说，估计是不会有人质疑的。

这是因为，徐海东的战绩太“硬”了！对徐海东的军事才能如此推崇，可不是平白无故的吹牛。且不说带队大战汀泗桥，孤军长征到陕北，单说到达陕北之后的战绩，就足以让所有对徐海东军事才能有怀疑的人闭口。

二

徐海东的战绩到底有多出色呢？西安事变中的张杨两位著名爱国将领都曾在徐海东手下损兵折将。

西安事变之所以发生，对于两位领衔的将军——国民革命军副总司令张学良上将和第十七路军总指挥杨虎城上将来说，有一个时间前提，即“在对‘剿共’失望，心灰意冷之时”。其实这句话让人感觉有些奇怪，因为张学良手下，有当时仅次于蒋介石嫡系的全国第二大军事集团——东北军，兵力二十多万且装备精良，飞机大炮一应俱全。杨虎城的兵力虽然较少，却是地地道道的“土著”，他善于守城，有坚守西安八个月的辉煌战绩。陕北是他自己的地盘，所谓强龙不压地头蛇，杨上将为了自己的地盘也会出力死战。短时间内就让这样的两位将军“失望并心灰意冷”那可不是闹着玩儿的。

毫不夸张地说，把这两位国军上将打得心灰意冷的人，正是徐海东。而且，从战绩看，这二位不仅是被打得心灰意冷，只怕乌江自刎的心都有。西安事变之后，杨虎城曾和共产党代表南汉宸半开玩笑地说：“可惜你们把我的部队都消灭了……”

这可不是夸张。杨虎城部下原有两师三旅，孙蔚如和冯钦哉两位师长和红军

奉军——张学良的东北军脱胎于这支部队，装备精良

交了两次手就觉得事情不对，便苦劝杨虎城，在其不听后开始敷衍了事，无论如何不愿意再打。倔强的杨虎城出动自己身边的三个警卫旅和红军交手，结果一打起来三个旅长死了两个伤了一个，全军覆没。其中第三旅旅长张汉民还是共产党的地下党员，居然也在被俘后人头落地。这种生冷不忌浑不吝的打法让以陕西冷娃自居的杨虎城也倒吸一口冷气，不敢再玩了。正因为如此，他对张学良到西北才没什么意见——饿（我）是玩不转了，换刀如换手，看小六子的吧。

张学良比杨虎城本钱大，到陕北的时候也准备好好打几仗的，第一，要用战绩立威，告诉委员长东北军能打仗，不是吃素的。第二，打垮红军也可以吓住周围各路军阀，为东北军控制西北地盘。无奈少帅这人豪爽、仗义、英俊，什么都好，就是打仗的本事实在不好说。结果两个月里三战三败，损失了两个主力师。有人说蒋介石不肯给少帅打没了的部队恢复番号是排斥异己，不过换了谁对这种一送一个师的主儿能瞧得起呢？打仗不顺，又没补充，灰头土脸的少帅，也不干了。

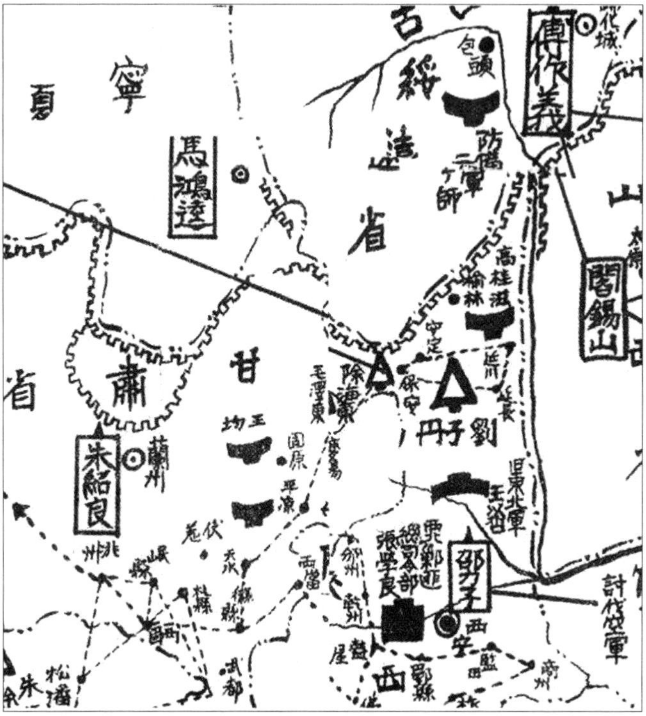

日本制作的当时红军在陕北的活动区域

确切地说，这打得两位将军抱鞍吐血的主儿，正是徐海东。打怕张杨，除了最后直罗镇一战是和中央红军会师以后的事情外，其余都是由徐海东的红十五军团一手完成。

所谓红十五军团，下辖三个军，气势不小，其实每个军不过数千人，总兵力不过一万多人，其中主力是刚长征到达陕北的徐海东嫡系红二十五军。张杨两部和周围军阀兵力加起来至少四十万，面对他们的“围剿”，连熟悉当地情况的刘志丹也主张避实击虚，到三边地区欺负地主井岳秀去，但徐海东不同意。这徐海东和当年打七十四师的粟裕一个脾气，主张专打敌军中最强横的，以寡敌众，“百万军中取上将首级”才能震慑敌军，一举取得战略优势。

从战略上说，刘志丹考虑的是生存，徐海东考虑的是称霸，重点不一样。

问题是“百万军中取上将首级”说起来豪情万丈，能做到那才是真本事。

一打杨虎城，二打张学良，徐海东打了两个上将，放眼西北，还真没有谁比这两位更强横的了。徐海东说到做到。

榆林桥之战，就是在陕北打昏张学良的三战中之第二战。当时，高福源已经担任东北军一〇七师六一九团团长，带六一九团三个营、六二〇团一个营守卫陕北重镇甘泉城外的要塞榆林桥。徐海东10月1日在劳山歼灭了东北军一一〇师以后发了横财，装备大为改善。这个时候，他发现东北军把高福源这个团居然推进到了榆林桥并开始构筑工事，又注意到榆林桥周围没有呼应部队，徐海东当即决定拿下此处，吃掉高福源。

貔貅要拿东北虎开斋了。

其实徐海东因为作战勇猛，在国共两军中有个公认的外号——徐老虎，所以他碰上高福源应该是华南虎斗东北虎。不过考虑到徐海东湖北老家曾经生活过的华南虎已经消失了。想来想去，还是用貔貅形容徐大将军吧。貔貅古人说是善于聚敛、光吃不拉的动物，徐海东一路长征，却越打装备越好，大洋越多，连中央红军长征最后阶段都要靠徐支援，他不是貔貅谁是貔貅呢?

徐海东在长征中，一路打，一路缴获，一路招兵，到达陕北的红二十五军比出发时人数还多，而且装备达到了一个连六挺机枪的水平，让中央红军都羡慕得牙根儿痒痒。

看了前面徐海东的战绩，榆林桥之战中两军的战斗力对比也就出来了。高福源团长在东北军中号称能战，部队也确实装备精良。高福源所在的一〇七师，实际上就是张学良的警卫旅——第七旅。东北军丢失东北败退入关后重新整编，蒋介石为了安抚东北将领，将东北军原有的旅都改为师，其实属下的兵力、编制都没有变化。不费吹灰之力就让凭空官升一级的东北将领大为感激，真是玩政治的高手。六一九团下面有直属的迫击炮连、重机枪连，每个步兵连有轻机枪十挺，比徐海东最精锐的红二十五军装备还好。但碰上徐海东这个战神一样的人物，高福源多少还是有点儿分量不足，也就是个老虎崽子的水平。而且，不知道少帅怎么搞的，二十万打人家一万，但每战都是红军比自家的兵多好几倍，榆林桥之战也不例外，所以高福源战败倒不是情理之外的事情。

但是，要想拿下高福源，也不是那么容易的事情。有很多文章把东北军在陕北的溃败归咎于思乡心切、无意内战，这是不错的，比如榆林桥之战，高福源部两千一百多人，被俘的就有一千八，阵亡不过二百余人，说明东北军的确不愿意打内战。但是，这并不表示他们见了红军就想投降，至少军官还是很有战斗决心的。东北军是一支典型的军阀部队，军阀部队的特点就是要求只对长官效忠，唯长官之命是从，其他就连国家、民族都在其次。无论是敌是友，都承认张学良是个很有个人魅力的将军。所以，张学良要剿共，他的部下对他的命令执行得很忠诚。尽管面对红军三战三败，但损失的两个师，师长都以身殉职，在直罗镇之战中，参战的三个东北军团长死了两个，这个比例和蒋委员长手下军长师长成打地往“土八路”的俘虏营里钻完全不可同日而语。

特别是，这个高福源，曾经在鄂豫皖和红二十五军交过手，当时徐海东部正在向陕北长征，别管损失如何，场面上是貔貅追着老虎跑，气势上高福源并不弱于徐大将军。

而且，高福源的确是个会打仗的，从防御工事可以看出，榆林桥的防守堪称滴水不漏。

榆林桥位于甘泉以南四十公里的公路旁，是个不大的村镇，北靠山丘，南面洛水，公路就从洛水旁通过。这个地方只有南面地势开阔，易于进攻部队展开，也是高福源重点设防的地段。高福源是个勤勉的军官，深知“平时多流汗，战时少流血”的道理。他预先考察过榆林桥的地形，是带着建筑材料出发的，准备充分。10 月 20 日进占榆林桥，六一九团立刻开始争分夺秒修工事，几天时间已经粗具规模。高福源的防御部署北面依托山岭，南面沿公路布防，挖掘壕沟，在壕沟上设置吊桥，并沿着壕沟构筑了一个大堡垒和一连串小碉堡，迫击炮和重机枪立即进驻，形成对前方的严密防御。高福源把步兵主力控制在榆林桥内南侧，进可以支援碉堡防线，退可以坚守村子——榆林桥南侧有一道简陋的寨墙，如果有时间，高福源肯定会把这道寨墙变成第二道防线。

不过高福源思虑也很周密，他也想到自己刚到这里，防御设施还是比较粗糙

榆林桥战斗遗址

的，如果自己遭到红军集中兵力的攻击只怕无法坚守。为此，他在仅有的几天里，还抽出了兵力在榆林桥背后的山上修了防御工事，并派一排步兵驻守。这样万一榆林桥守不住，自己可以弃村上山，凭借山上的工事死守一段。鄜县离榆林桥不过四十里，守鄜县的是一〇七师师长刘翰东。高福源进驻榆林桥之后特意派刘的亲信参谋那钟芳对师长面陈此处的情况，希望在危急的时候刘能够前来增援。

时人回忆，高福源因为少年得志，略有跋扈（这也是西安事变之后刘多荃要杀他而无人反对的一个原因），是军长王以哲的红人，本来不好和顶头上司相处。但一〇七师师长刘翰东为人宽厚（绰号刘坛肉），对高福源很是优容。高不是不识好歹之人，自然投桃报李，两人曾一起久经战阵，堪称生死之交。所以，如果高福源遭到攻击，刘翰东一定会全力救援，这倒是军阀部队里独特的地方了。

有了这样一个固若金汤的阵势，高福源还是不太放心，依然每天严厉督促部下加强警戒，大修工事，责任心很强。但他不知道，这个阵势一摆出来，对面那头貔貅就已经看出了它的破绽。

三

10月25日拂晓，大雾，六一九团的哨兵在黑夜中忽然发现大量红军正在悄然接近，两军随即在外围阵地爆发激战，榆林桥之战打响了。

按照东北军后来突围逃到鄜县的残兵回忆，当时红军“多得很，暗夜虽看不真切，但听到满山遍野都是红军的声音，其中还有很多手持大刀、长矛的老百姓”。

这个说法是不是真的呢？会不会是被打蒙了的东北军士兵在夸大其词？

从后来各方记载的情况来看，这个东北军士兵还真不是胡说。当时陕北红军原有二十六、二十七两个军，徐海东部二十五军到达后，三个军合编为红十五军

会师后的红军干部合影

团，二十五军改编为七十五师，二十六军改编为七十八师，二十七军改编为八十一师，每个师辖两个团。这三个师都参加了榆林桥战斗，而且从战斗情况看，三个师都出动了主力，比如徐海东嫡系的七十五师，两个团的番号都出现在了战场上，而且损失很大。

从这个角度来说，高福源是拿一个加强团硬顶红军的三个师，在遭到奇袭的情况下还扛了差不多一天，称为东北军中的猛虎也不算夸张了。

但要是从全局说呢？徐海东能在兵力只有不到敌军十分之一的情况下集中几倍于榆林桥守军的部队强攻高福源，这份用兵的能耐和胆识，也就“黑土地之狐”林彪能和他一比了。而此时红军主力尽在榆

陕北千沟万壑的地形

林桥，后方连个像样的看家部队都没有，再看少帅的二十万大军呢？此时全都在互不相连的各处城寨里全线龟缩防守呢，这二十万大军在整个榆林桥之战中连一次试探性的进攻都没有，这个水平也快到该打屁股的程度了。

徐海东准确地判断出高福源必然以榆林桥以南，面对公路的正面为主要警戒方向，阵地前面还有一条洛河作为屏障，易守难攻。针对这种情况，他下令主攻的七十五师二二三团、七十八师分别从东西两面沿着洛河向榆林桥南侧东北军阵地发动奇袭。七十五师二二五团作为预备队。

徐海东的战术十分“毒辣”——东北军注意力对着南面，而红军沿着洛河而来，正打在东北军阵地的侧面，且不说如果运气好可以打成偷袭，就算硬拼，洛河也已经成为两军的“共险”，这样打起来高福源前面的碉堡能挡住后面的射线，但侧着身子作战的东北军要多别扭有多别扭。

更主要的好处是两个师一个从东向西，一个从西向东，地理的阻隔和通讯的落后很容易造成双方进攻时间的不统一。这本来不是好事情，但假如高福源因为先打响的一侧形势危急，抽调另一侧部队去增援，而这时候削弱了的一翼突然遭到另一个师红军的突袭，后果如何可想而知。

这个战术，怎么有点林彪“一点两面”的味道？

力分则弱？那是兵力不足的时候，现在徐军团长可是三个师打人家一个团，人多好办事儿，就是分成几路打，任何一路打好了都能把高老虎灭个过儿。

然而，红军攻打榆林桥的战斗，最初并不顺利。

就在一天前，高福源刚送走了讲武堂的老同学，来榆林桥视察的一〇七师代参谋长李树桂，两人临别的时候高似乎已经有了大战在即的预感，对李说：“就我这一个团，够呛啊，听天由命吧，但愿不要白白牺牲在这里。”

高福源的确不甘心真战死在这里，他是东北军中少数敢不把日军战术水平放在眼里的人物之一，这个终生东北口音极重的年轻军官，一直有着率军打回老家的深切期待，这也是他后来积极参与西安事变，促成红军与东北军合作的重要原因。遗憾的是，阴差阳错之间，他的这个愿望，终于未能在现实中实现。

有了这个觉悟，又赶上大雾，高福源的警惕提得比天还高，阵地前又是流动哨又是潜伏哨，估摸着这警戒水平快赶上电视《亮剑》中李云龙的独立团了。

结果，两路红军相继被提前发现，偷袭不成只能展开强攻。

更要命的是高福源到底深通兵法，面对危险他并没有把部队都龟缩回寨内死守，反而在前一天晚上把配属给他的六二一团二营派了出来，开到洛河对岸建立警戒阵地。这个营战斗力不强，没有重武器，也不是高福源的基本部队，打光了无关大局，却能把自己防线的纵深拓宽。

这一手果然很有用，从西向东攻打榆林桥的七十八师，由于地形的限制不得不首先和六二一团二营交火。没有坚固工事的情况下一个师打一个营，结果可想而知。等打完这个营再攻榆林桥，以六一九团为主的守军已经暂时击退了二二三团从东方的第一次进攻，严阵以待，只听一声哨子响，冰雹一样的迫击炮弹和机枪子弹便凶猛地砍进了红军冲锋的队列。

高福源所部的火力到底有多猛？根据战后统计，榆林桥之战，徐海东缴获的迫击炮共八门，重机枪十六挺，轻机枪一百余挺。高福源把这些武器大部分部署在了南面的阵地上，由此可以想象七十八师当时面对的火力有多么猛烈。

七十八师被迫后退，在洛河对岸建立前进阵地与六一九团对射。但是，由于红十五军团将大部分重武器都集中给了七十五师（在红军中轻机枪就算重武器），七十八师凭借低劣的装备根本压不住守军的火力。

多年以后，原七十八师出身的一名老将军在回忆中这样写道：

> 强攻榆林桥，虽取得胜利，但付出很大代价，特别是七十八师，布置在洛河对岸，伤亡大，战功微。

七十五师和七十八师的强攻与守军打成胶着，进展艰难。

但是，此时的高福源也并不好过。

一交手就被打掉了一个营，损失不小，更重要的是，榆林桥原来配置的一部电台，恰好在此时出了故障，正在抢修时发报机又被流弹击中，结果成了只能收不能发的哑巴电台。这使得六一九团与鄜县的一〇七师师部的联络中断，无法报

东北军六十七军军长王以哲

告红军来袭的消息。这半部电台后来也成了徐海东的战利品，他将其送给了毛泽东做礼物，史称红军在陕北有三部半电台，那半部就是这么来的。

面对这种莫名其妙的坏运气，高福源大概也只能仰天长叹了。

尽管如此，高福源还是很快派出了几名信使，寻找红军进攻的间隙，快马前往鄜县求救。

很遗憾，这几名信使无一例外都落入了红军的手中。这是因为，徐海东也怕遭到腹背夹击，在攻打榆林桥的时候，派了一个步兵营在榆林桥和洛川之间警戒，监视洛川的东北军六十七军总部，同时派出军团直属的骑兵团，在榆林桥与鄜县间游动，监视鄜县方面的敌军。这批高福源的求救人员，恰好撞进了骑兵团的警戒线中。

说来也是高福源倒霉，红十五军团本来是没有骑兵的，这个骑兵团刚刚成立不过一个月——骑兵们的马，就是在劳山战役中从东北军手中缴获的。东北军用的都是关外好马，当时歼灭了一一〇师，徐海东见得了这么多骏马十分喜爱，把原来红二十五军的手枪团调了来，和原红二十六军的一个骑兵连组合，成立了这个有四个连的骑兵团，此次是第一次出任务。

事实上，一〇七师师长刘翰东是在第二天六一九团溃兵逃到鄜县城下时，才知道榆林桥遭到了徐海东的围攻，但这个时候，说什么都已经太晚了。

派出了求援的信使，高福源回过头来，指挥守军顽强阻击红军的进攻。

一个团顶两个师，即便是有预设工事也吃力异常。高福源不愧猛虎之名，只给团部留下一个警卫连，其他部队全部顶到一线。这的确有效地遏制了红军的进攻，但也使东北军的伤亡直线上升。

王以哲给高福源的评语是——“恃才独断，恐招人怨”，高打仗的时候的确有一种慈不掌兵的骄横，不怕伤亡大消耗大。榆林桥守军的防御纵深大，即便顶到天亮援军还不来，他也可以在战况不利的情况下撤到后面的山顶阵地去，在那儿依靠有利地形继续坚守。

也许，这时候高福源心里也会对后方山顶的防御掠过一丝疑虑。但是，他并没有增援守山的那一个排。或许因为兵力本身已经不足，或许因为调谁的部队这时从火线上下来都可能在紧张的前线引发混乱。

更主要的原因，大概是他觉得这段山势足够险要，除非是当地的土匪，没人能抄自己的后路。

以高福源对红军的了解，他倒觉得以红军那种清教徒式的作风，不会有什么土匪肯和红军合作。

他对了，但是又错了，对的是红军倒是没和土匪合作，错的是此时有一个红军将军正指挥着部队来包他的饺子，这个人虽然不是土匪，却是“土匪的祖宗”。

十年之后，在东北一提他的名字，足以让最有名的绿林好汉闻风丧胆。

这个人，就是后来的解放军装甲兵副司令，开国少将贺晋年。

四

看起来文质彬彬的贺晋年，在关东大地上却是个“天杀星”的形象，合江军区司令员贺晋年在和东三省各路悍匪的恶战中树立了自己“剿匪王”的威名。

如果说徐海东是老少通吃的貔貅，那贺晋年就是一头蹑迹潜踪的豹子。

有一个著名的桥段就是关于他的——1948年下半年，三江省布置工作，其中一项是“继续剿匪”，结果贺晋年回了一封只有四个字的著名电报——“无匪可剿”。

贺晋年

区区四个字，自负、遗憾、傲慢，还有点儿独孤求败的意味，真是让纵横关东百年的绿林豪杰们汗颜啊。

也就是汗颜而已，不服气的，都在牡丹江的大牢里关着呢。张作霖、座山雕的徒子徒孙，就此一蹶不振。

贺晋年剿匪，关键的诀窍是——穷追不舍，不死不休。

没有后方的胡子，其实最怕这样的打法，被阴魂不散的贺晋年摽上，如同粘上了狗皮膏药，打，打不过，跑，跑不了。人多，没粮食，人少，不经打，越跑人越少，越跑越没士气，最后不用打自己就散架了。

很多有名的胡子，都是在贺晋年的穷追之下分崩离析、众叛亲离、饥疲沮丧、全军覆没。

问题是，不是谁都能这样打的。胡子何许人也？地头蛇啊。贺晋年这种打法，第一要情报比胡子还准，否则他一个假消息把你闪出去几十里，下面就该土匪研究“敌进我退、敌驻我扰、敌疲我打、敌退我追”的事情了。第二，不能坐着滑竿剿匪。土匪爬得过的山，你也得能爬过去，土匪蹚得过去的河，你也得能蹚过去。总之在山林里你要比土匪更像土匪。

这两条贺晋年都足以自傲——第一条，东北土改争得了民心，土匪又作孽太多，当地的农民、猎人、参客都成了贺晋年的眼线。而且，贺晋年对土匪的行踪，有一种惊人的敏感，仿佛根据嗅觉就可以判断追踪的方向。第二条，在一些老战友的回忆中，八十一师师长贺晋年在陕北经常带一队数十名精锐骑兵呼啸而过，即使见到上级也不下马，这个作风都带一点“匪气”。不但土匪能上得去的地方他能上去，而且比土匪胆儿还大，在东北剿匪期间，贺晋年光战马就摔死了三匹。

榆林桥战斗打响之前，徐海东给贺晋年八十一师的任务是——从榆林桥后面探出一条路来，在正面打响后偷袭高福源在山顶的预备阵地，再居高临下攻打榆林桥寨子。说白了就是“砍断他的尾巴，再钻进他肚子里搅一搅”。

这个活计交给别人或许不合适，但交给身为陕北“土共”又略带“匪气”的贺晋年，却是正中下怀。贺晋年果然在当地百姓的指点下，找出一条偷袭的羊肠小道来。

说到这儿，不由得表达一下对那个时代共产党领导人毛泽东、周恩来等人和徐海东等将领的佩服。

其实，贺晋年的八十一师和徐海东的原红二十五军，这时候不但是上下级关系，而且隐隐是你死我活的对手。

榆林桥之战前，在陕北苏区进行“肃反”的左派专家们，正在计划以国民党特务嫌疑逮捕贺晋年。这批左派专家大多来自鄂豫皖，正是随着徐海东的红二十五军来到陕北的。这种内部的“肃反”，是斗争中最为残酷的一页，曾中生、许继慎等名将，都是在这种清洗中被残酷杀害的，其冤情至今令人读来痛心。陕北的“肃反”在戴季英等人的操纵下尤为骇人听闻，一大批二十六、二十七军高级军官和地方骨干工作人员被捕，包括冯树立、张锦文（即《白鹿原》中白灵的原型）等大多随即被杀，死亡人数远远高于和东北军作战的伤亡。

对此，熟悉历史的人大多能明白，负责军事的徐海东并不是“肃反”的关键人物。张国焘在川陕“肃反”，夏曦在洪湖“肃反”，当地的军事主官徐向前和贺龙根本无法插手，连徐向前的妻子也被杀害。徐海东对戴季英的为人也颇为鄙视，可是由于“党领导枪”的原则，他并没有权力来控制“肃反”的进行，在鄂豫皖，戴季英要无据杀人，徐海东虽然试图阻止但全无用处，反而差点把自己送进去。后来陕北“肃反”还是中央红军赶来后才被压下去的，毛泽东救出了被关押的习仲勋、刘志丹，曾大骂戴季英是“疯狂病”，周恩来则骂戴季英“刘志丹这样的反革命越多越好，你这样的真革命一个也不要有才好”。客观上说，中央红军来“拨乱反正”深受陕北军民拥戴，一下站住了脚，这里面作为“反面教员”的戴季英“功不可没”。

无论徐海东如何，此时七十八、八十一师的陕北“土共”和长征来的七十五师（即红二十五军）之间，的确处于剑拔弩张的情况。贺晋年也很清楚戴季英要逮捕自己，当时七十八、八十一师颇有不少指战员怀疑红二十五军是“假红军，真白军”。陕西冷娃不是任人宰割的主儿，后来在红军会师后，贺晋年曾说：“你们要是不来啊，我们就要和他们火并了。”

可是，就在这种情况下出兵打榆林桥，徐海东一声令下，贺晋年照样坚决执行。三个师在作战上相互配合，丝毫没有滞涩。

就这点来看，你不能不说中共特别吧？内部斗争的确残酷，但是作战中极少相互拆台，都能全力协作。这一点和国军打起仗来友军比敌军还难琢磨的情况相比，可谓天壤之别。大约也是让国军将领极为羡慕的一点吧。

徐海东在作战中也绝对负责，曾三次到榆林桥察看地形，才下定让贺晋年绕袭高福源背后的决心。想想都令人吃惊，高福源到榆林桥不过数日，而徐海东居然三看地形，这份耐心和细致，实在不是一般军事将领能够做到的。

徐海东在后来的回忆中写道，他看地形之后，才下决心歼灭高福源，因为他确认了高部的工事尚未完全完工，还有很多火力死角。所以，他要打高福源一个立足未稳。

正面强突，背面偷袭，这是战争的老套路，但却不是人人能够玩好的。以榆林桥之战而言，假如不是高福源在山上修碉堡，或者他真的在山上放上一个营，大约徐海东也不会对这里下手了。

这是因为，如果高福源没有在山上修碉堡，他肯定是抱着收缩寨内防守的念头，对榆林桥北面的设防自然会小心面对，从这里进攻，不过是多一个强攻的点而已，未必有多大效果；假如他真的放一个营在山上，则表明高的部署是分兵设防，山、寨两处呼应，那时候或许利用自己兵多，将守山敌军和守寨敌军分割，各个击破才是用兵之道，也无须先攻山。

偏偏高福源修了碉堡，又只派少量部队把守，这个心态可就微妙了。他显然是打算把这里作为预备阵地的，既然如此，山上才是他设防的边线，不会在山下布置很强的防御；同时，高福源明显又不愿意分兵，他放一个排在山上属于预警人员，一方面觉得地形险要对方上不来，另一方面万一红军真的摸上来，只要这些哨兵早点儿发觉，榆林桥的守军立刻就能用炮火支援并派出援军。

这个机动防御的想法挺好，可惜他漏算了一条，就是这种仗只有在战局比较平静的时候可以这样打，实战中寨南已经打成了一锅粥，暗夜之中红军居然用一个师打他的一个排，而东北军主力尽出已经无力增援，这山上就是一个排的兰博估计也没办法了。

事实上他在山上只有一个排这个情报就不该让红军得了去。假如让红军能够误以为六一九团有重兵在山上，恐怕徐海东还不会这样用兵。据说徐海东是根据三次看地形以及东北军给山上守军送饭的伙食担子判断其兵力的。

不管怎么样，贺晋年的八十一师轻取榆林桥北山，此时，正面战斗打得正酣，东北军的碉堡已经被摧毁了几个。徐海东把骑兵团调过来了，利用骑兵的冲击力配合二二三团试图突破六一九团防线，激战中的高福源忙于调配兵力堵漏，根本就不知道北山已经失守。

贺晋年从山上向下一看，远处弹雨如梭，战况正烈，而整个榆林桥村寨就在脚下，像一块肥肉一样摆在面前，遂大喜过望。八十一师没有重武器，贺晋年当即下令把东北军放在碉堡里的重机枪取来，亲自架在山坡上朝寨子里打。这个北山确实险要，下山的坡很陡，好不容易找到一处可以架设机枪的地方，枪后却容不下射手存身。贺晋年当即命令警卫员抓住他的两条腿，把自己整个人头下脚上挂在山坡上，这才能够操纵机枪，贺晋年立即对着寨子中间最大的院子猛烈开火。

这一排子弹贺晋年自己不知道效果如何，东北军士兵的回忆证明，他打的正是六一九团的团部。

据逃回一〇七师的一名传令兵回忆，当时高福源和团附正在团部，突然团部后面枪响，子弹从团长室的后窗射入，幸而没有打中人。接着后山响起猛烈的手榴弹爆炸声（八十一师开始朝寨子里冲了）。高福源立即下令熄灭灯火，同团附和卫士冲到院里，这才发现后山的碉堡已经被红军占领，正在向团部院内射击。

当时，高福源并没有惊惶失措，而是立即命令身边仅有的警卫连向山上反扑，自己返回团部试图用电报（回忆中误为电话）向师部汇报，但发报机仍然不能使用。当他再次走出团部，只见警卫连已经乱纷纷地败退下来。一个连打一个师，根本没法打。高福源做梦也没想到自己这么有面子，居然招来红军三个师招呼他一个团。

此时，镇子里面的东北军已经乱成一团，八十一师、七十五师已经从北南两面攻入了寨子。大批东北军纷纷放下武器投降。

这时天刚亮，红军上下都松了一口气，认为随后国民党军大约就会很快崩溃。红军却没想到打破了寨子之后，还有意料不到的残酷战斗等待着他们。

高福源何许人也？猛虎啊！你闯到猛虎的窝里它会老实服软吗？

顺便说一句，守军在红军破寨之后大量投降，除了红军一直在宣传的“掉转枪口，一致对外”“打回老家去”“中国人不打中国人”起了作用；高福源本人的性格，也是造成这个局面的一个原因。

五

在红军攻入榆林桥之后，本来据险死守的东北军纷纷缴枪，特别是原来守在南边寨墙上的两个整营，几乎一枪未发就当了俘虏。这个情景让红军多少有点儿松懈。破寨之后，满街都是红军高喊“有疤瘌脖子的就是高团长”的声音。高福源小时候得过鼠疫，脖子上有个疤，所以有这样一个绰号，但不知道红军是怎样知晓的。

一会儿工夫就抓了一千多俘虏，貔貅这次可算吃饱了。

红军想活捉高福源的心情可以理解。陕北的战斗中，东北军的战斗力虽然不很强，投降的也很多，但它的高级军官对张学良十分忠诚。劳山、榆林桥两战中，东北军有两个师长参战，都殉职而死；有八个团长参战，跑了一个，有五个殉职或自杀，最终只有高福源一个团长活了下来。所以，能活捉东北军的团级指挥官，对红军来说是件很荣耀的事情。

等等，不是八个团长吗？死了五个，跑了一个，加上高福源，不是才七个吗？

的确，在此之前，红十五军团手枪团还活捉过一个东北军团长，那就是劳山战役中被俘的六二八团团长裴焕彩。

可惜，这个裴焕彩和当时其他东北军高级军官一样，不管仗打得怎样，对张学良却非常忠诚，还蛮重视“军人气节”，所以被俘以后根本没有合作的意思。裴穿了勤务兵的上等兵军服，众目睽睽之下死活不承认自己是裴焕彩。一来二去红军也没了耐心，于是将他作为顽抗到底的典型给“严惩”了。张学良，其个人魅力，对东北军是极大财富，但也有巨大的副作用。

什么叫严惩呢？这不过是个文字游戏，劳山之战后不久，徐海东部即将裴焕彩和另一个“顽抗到底”的东北军少校参谋佟国良处决于油粉村附近。裴在东北军中颇有人缘，此后西安事变，东北军的高级将领还多次对红军谈起过裴焕彩，对他的命运深表惋惜。

可能有人会想，徐海东怎么就没有点大将风度呢？对这样硬气的对手，何必一定要杀？第一，杀裴焕彩不是徐一个人的决定；第二，徐在面对敌手时一贯冷酷无情——徐海东全家六十六口被蒋军株连杀害，这样的血海深仇还要惺惺相惜，性格鲜明的徐海东不可能做到。

在榆林桥出现这样多的俘虏，一方面与红军此前和东北军打交道时的宣传得力有关，另一方面，高福源的性格也导致其部下不肯为其死战。

高福源的同学，一〇七师代参谋长李树桂评价说，高福源这个人，能力很出色，治军也严格，但也是他同学中“性格最特殊”的一个人。他的特殊体现在为人孤高自赏、不大交朋友上，甚至公开表示看不上重“义气”的习惯。这在以义气打下天下的东北军中极为罕见。同时，他善于辩论，在东北军同级军官中，经常把人说得哑口无言，更神奇的是即便他没理的时候也能达到这样的境界。

有趣的是，包括高福源在内，张学良身边有一个少壮派军官的小团体，十分受他青睐，都是他从下级军官中慧眼所识的。而这批军官中，无论老一些的王以哲，还是年轻的孙铭九、应德田，多少都有能力强但性格孤高的毛病。看来少帅是比较喜欢有个性的人。

不过，细细想来，张学良赏识这些军官，并不是眼光有问题，正说明他毕竟是帅府后人，眼界高人一筹。用人不怕部下有毛病，就怕部下没毛病。这些性格孤高的军官，在军中不甚受老牌将领的欢迎，也不容易拉帮结派。他们只有依附于欣赏他们的少帅，才能有所作为，因此，知遇之恩加上形势所迫，他们对于张学良的个人忠诚，无疑是完全可以信赖的。

可惜，正因为这些将领之间缺乏横向的感情，仅仅效忠于张学良个人，一旦张被囚，这个没有了核心的小集团顿时分崩离析，完全无法团结起来。几乎一个模子里刻出来的性格缺陷又使他们根本不会彼此妥协。结果西安事变张学良去南京之后，东北军上层顿时乱作一团，最终因自相残杀而解体，这个小团体在其中起的负面作用比正面作用还要大。

回过头来说高福源，孤高的性格特点让他在军中朋友很少，而对于部下，要求高且严格，又缺少体恤，李树桂的原话是“刻薄而寡恩”。于是，榆林桥之战到大势已去的时候，部下纷纷弃他而去，也就不奇怪了。

但是，被包围的高福源，率身边少数残军，硬是把这场战斗又拖了六个小时。

打到天亮，高福源手里还剩下两个阵地。一个是寨外南部与红七十八师对峙的一部分东北军官兵依然守在靠西的工事阵地上，另一个就是六一九团的团部。

寨外的东北军，主要依靠工事，但军心已经涣散，二二三团和七十八师两面夹击，很快将其解决。

打六一九团团部，可就没这么容易了。这里面有六一九团警卫连和第一连残部，还有团部的卫士队，可说都是该团的精华，装备好，战斗力强，虽然吃了败仗，但在高福源指挥下仍作困兽之斗。

虽然老虎尾巴被剁掉了，但冲进老虎窝里还不是那样容易的事情。

当夜的激战中，高福源曾指挥部下在团部的院子里利用地形和院墙抵抗，但红军很快就依靠出色的夜战功夫冲到了近前。手榴弹不停在院子里爆炸，东北军官兵无法立足，或者随着高福源退进团部控制的房子和窑洞里死守，或者四散奔逃。这样，团部和其他部队的联络也被切断了。但是由于高福源身边的火力强大，红八十一师一时也冲不进去。

10 月 25 日天亮以后，徐海东命令预备队的二二五团上前，完成对六一九团的最后一击。

二二五团是七十五师的两个主力团之一，也是红十五军团最有战斗力的部队之一，完成这最后一击应该是游刃有余。当时的团长是郎献民，政委是刘震。这个刘震，后来可是大名鼎鼎——抗美援朝空军司令员。刘震在转战陕北的时候，有个不大雅观的外号，叫作“歪嘴子政委”。

这是因为，在九间房和警三旅之战（就是张汉民冤死的那一战）中，担任二二五团一营教导员的刘震当先冲锋，被警三旅的一个西北军军官用手枪当面击中，右颌负伤，好在是手枪不如步枪的子弹穿透力强，刘震的牙齿也硬，子弹被几个牙齿挡住，没有危及要害，只是留了一个永久的伤痕，刘震从此说话时嘴巴就一歪一歪的，就此落下这样一个外号。

歪嘴对疤瘌脖子，这一战还没打就大有看头了。

六

10 月 25 日上午九点三十分，二二五团对高福源团部的攻击开始了。

二二五团是此战徐海东的预备队。天亮时分，七十八师还在和南门外残存的东北军进行最后的纠缠，八十一师打了一夜又缺乏重武器不善攻坚，连同属红七十五师的二二三团也有较大损失，此时动用二二五团正当其时。

况且，到此十五军团其他各部都已立功，二二五团上下求战情绪极高，如果就这样当“万年预备队”，只怕团长郎献民和政委刘震在团里的日子都不会好过。

按照计划，团长郎献民把部队分成两拨，自己率领二、三营发动突击，由政委刘震指挥一营和团部直属连提供火力支援，并准备在突击队打开缺口后跟进扩大战果。

红军其他的部队没有参战，因为这里的战场狭小，容不下更多的人枪投入战斗。

郎献民的想法很简单——刘震指挥的掩护部队用机枪专打高福源的火力点，自己的突击部队把机枪集中在队伍前面，一边扫射一边往上冲，这样的火力配置，估摸着一个回合就可以打进东北军据守的窑洞，然后……按照郎献民团长的经验，那时候东北军的兵肯定要抢着投降了。

他这个想法很有道理，东北军是个没有主义的部队，尽管军事训练和武器装备不错，但一旦打到必败无疑的地步，军官或许还会为了知遇之恩以身殉职，当兵为了吃粮的普通士兵谁会拿自己的性命开玩笑？

有记载谈到十五军团在红军中装备另类，一个连就有九挺轻机枪，说的就是二二三团和二二五团。这一点儿也不奇怪，谁叫他们的总指挥是徐海东呢？枪越打越好，人越打越多，徐海东不善攒钱善聚兵，由此可见一斑。郎团长这个部署，可以把二二五团的机枪火力发挥到极致。

郎献民团长的两大长处，在战斗部署中都有显著的体现——第一，他是红军中玩机枪的专家；第二，他是红军中的“东北军专家”。

这是因为，郎团长原本就是东北军一〇九师的一名机枪手。1934 年 5 月，红二十五军和刚来参加剿共的东北军战于沙窝集，结果呢，只要看看双方的指挥官就知道了——红军这边自然是徐海东了，东北军那边则是后来直罗镇战役中那个一〇九师师长牛元峰——高福源这老虎都不是貔貅的对手，换一头老牛，您说还有悬念吗？

那一仗牛元峰大败，被徐海东吃掉了两个营，东北军机枪手郎献民成了俘虏，被红军以礼相待，成了军事教官。

在东北军中，郎献民可算一名优秀军人，一方面他的军事技术没得说，另一方面非常信奉“不问政治，以服从命令为天职”的军人信条，到了红军中依然不改，满口“委座”“长官”“攘外必先安内”，极为另类。

说起来，这足以让人对东北军的军事教育刮目相看——那个年头就能培养出这样的职业军人来，可真是不容易。

不过，这样如同一张白纸的旧式军人，正是红色政治工作可以开垦的绝好良田。红二十五军军长吴焕先（徐海东当时担任副军长）和政宣队长程世清亲自和这个机枪打得“贼准”的关东汉子谈天，三下两下郎献民就痛哭流涕，从此跟了共产党。

有这么神吗？！

其实，共产党的政治工作固然厉害，关键问题是东北军都是有心病的，这个心病就是九一八。

据说程世清用一首歌就打动了郎献民：

张学良呀张学良，
看你成了什么样？
丢了东北和家乡，
国民心里好悲伤。
……

得，什么也别说了，再好的职业军人也是有故乡的，也是有父老的，不是共产党厉害，是长官太不是东西。

短短两年，郎献民在红军里一路教官、连长、营长，一直干到二二五团团长。

说来有人会觉得好奇，红二十五军最后只编成两个团，郎献民在短短两年中就当了团长，也就比徐海东小一点，简直和“火箭干部”一样啊！就算他能打，那么多的老革命，怎么会轮到他一个“解放战士”坐“火箭”呢？

以中共内部一次次“肃反”的力度来看，这的确是一个很有意思的问题。但是，接触多了历史材料，才意识到，中共固然内部有清洗的一面，也有对“解放战士”放手使用的一面。有的前国民党军官比老牌子共产党军官升得还快，理由固然可以说出很多，其中很重要的一条却让人啼笑皆非——因为他们有文化。

啼笑皆非是真的，张国焘“肃反”的时候，差点杀光了红四方面军中层军官中所有识字的，而在陕北“肃反”中，有位三代贫农出身的将军回忆，当时因为自己说了句“牛顿如何如何”，差点给当作知识分子抓起来。这种情况下怎么会重用有文化的俘虏兵呢？

这也是没办法的事情，打仗也不能光靠勇猛，图上作业，火力配置，甚至一些比较先进的武器，没有文化是玩不转的。十月革命的时候，也有过红军拿枪逼着俘虏的白军军官指挥战斗的。因此，有文化的前国军往往有更多的机会在战斗中表现自己的才能。

这个传统直到新中国成立前后依然如此，笔者曾访问过一位老军人，他退役时是北京卫戍区某主力步兵团的团长，也算辉煌。但一提到当时的某位师领导，老头子就冒火——清风店就是俺们抓的他，末了老子见了他还得敬礼……

人家说这位吃亏，就是吃亏在没文化上。

哎，历史真不是那么简单的事情。

但是，郎献民这次可低估了高福源。

高福源给残部下达的命令是——援军马上就到，放进院子里来打！

其实，他应该知道是没有援军的，仗打到这个份儿上，唯有尽忠到底而已。

守军倒未必真是铁板一块，但高福源在前一天夜里的战斗中已经左肩中弹负伤，裹创喋血，持枪督战，面目狰狞。东北军的兵固然怕对面的红军，但更怕这位随时可能毙人的长官。

写到这里不禁心中大骂：这样有种的汉子留着打鬼子多好啊。

可惜，从裴焕彩到高福源，大批东北军军官中的好汉子，都是葬送在所谓“攘外必先安内”的内战的漩涡里的，太可惜了。

恐惧也可以产生战斗力，在高福源的督战下东北军官兵的抵抗变得坚决而有力。而且，他的战术也是对的，顺利冲进六一九团团部院内的红军忽然发现要面对东北军爆发的火力，顿时伤亡惨重。

轻机枪子弹有限，到此大多已经打光，狭窄的院落进一步限制了他们的战术动作，很多走完了长征的老红军却倒在了这个无名的地方。

刘震指挥的火力掩护这时已经毫无用处——红军已经冲进了院内，再打，就要打到自己人了。

外面的红军只能眼睁睁地看着自己的战友纷纷倒下，终于败退下来。

团长郎献民在掩护部下撤出院落时中弹阵亡！

以刘震后来开国上将的身份，郎献民团长如果能活到1955年，只怕也是肩上扛两三个星的。

由于郎团长身边的官兵全部战死，遗体竟然都没有抢下来。

刘震马上亲自带队发起第二次攻击。

七

徐海东最初并没有到战斗现场，他对郎献民和刘震十分信任——这两位在劳山一会儿工夫就抓回来五六百俘虏，可算是打东北军的专家了。所以，徐海东得到郎献民阵亡的消息后大吃一惊，匆忙赶来时，刘震已经把郎团长的遗体带回来了。

不过，他并没有亲自来向军团长汇报。

这是因为虽然抢回了团长，但这一次攻击又伤亡了不少人员，政委刘震自己也负了重伤。

郎献民和刘震攻击前的准备工作可算不错，不但集中了绝对的兵力火力优势，而且进行了充分的政治宣传。红军战士不断地招呼东北军缴枪，喊“缴枪不杀”“优待俘虏”“携手抗日”等口号，正常情况下，面对这样优势的红军，又有外面那么多同伴的现成例子，窑洞里的东北军应该缴枪了。

没想到高福源及其心腹的疯狂督战让东北军焕发了新的战斗力。窑洞的黄土坚厚，对能量吸收能力强，红军投射的枪弹和手榴弹只能破坏它的外层，虽然也打死打伤不少六一九团的官兵，但难以彻底消灭洞内敌军，局面一时僵持在了那里。

弄明白了情况，徐海东大怒，亲自指挥对高福源部的最后攻击。

徐海东的脾气十分暴烈，有一次部队紧急开拔，后卫官兵行动迟缓，徐海东竟然抡着棍子在后驱赶，这在红军中也算是个异类了——不过官兵无人有怨言，因为他们刚刚转移，原来的驻地就被敌军攻占了。徐海东对自己人护得十分厉害，两个爱将一死一伤，叫他如何不恼?

有文学作品描述榆林桥之战后徐海东风度俨然地做高福源的统战工作，言之凿凿。然而，根据我所看到的史料，当时的场面完全不是这样温情脉脉。根据纪录，当高福源被从俘虏中揪出来的时候，徐海东上前就是两个耳光，冷笑道：“看你机枪打得那么狠，还以为活人堆里找不出你来呢！”此后徐海东力主枪毙高福源为郎献民团长报仇，此时的高福源在徐海东眼里不但是一个反动军官，而且干脆就是一个死人。

这好像更符合徐海东大将一生快意恩仇、睚眦必报的形象，有仇不报可不像他的性格。

不让枪毙高福源的是中央红军的大领导们，一接报捷电报就嘱咐“刀下留人”。要照着徐海东的意思，高福源能落个全尸就得谢天谢地了。

估计当时中央点名不让杀高福源的时候，徐海东可能还不知道是为了什么，所以立即服从命令，把高团长囫囵着送了去。要是知道需要动员这个东北军团长做统战工作，那徐海东会是个什么反应可就难说了。

徐海东在战场上发怒，经常会提着口鬼头刀自己冲上去，因为这个原因他曾经九次负伤。严重的伤势破坏了他的健康，使他从60年代开始就只能常年靠吸氧度日，而且未能在抗日战场上一显身手，造成了他军事生涯最大的遗憾。

不过，对已经在作困兽之斗的高福源，徐海东显然不准备这样“抬举”他。正在这时，有一架东北军的侦察机飞越榆林桥上空，还扔下了两个炸弹。一〇七师师部报告榆林桥遭到攻击，阔绰的东北军当即派出飞机侦察轰炸——不过这点儿动静对整个战局来说根本于事无补。

也许是看到飞机让徐海东有了灵感——从地面上不好打，我可以从上往下打啊。这可有点儿邪门——红军可没有飞机啊，怎么能从上往下打呢？真的能。

这是陕北人当时的居住习惯造成的——他们住窑洞。所谓窑洞，不是修建的房子，而是在深厚的黄土中“掏”出的房子。所以窑洞就是土坡的一部分，洞顶总是和周围的自然地形相连的。这就给接近窑洞的顶部提供了方便。

高福源团部的窑洞原来是属于一户当地乡民的，虽然比较好，但也还是窑洞，也有这个特点，所以徐海东指挥红军一面封锁高部火力点，一面派人从周围山坡上向高福源窑洞的顶上冲。

高福源把这里作为指挥部后，也在四面和窑顶掏了一些枪眼，但守军毕竟人少，总有火力死角，又遭到红军优势火力的压制，三下两下终于被红军抄到了团部窑洞的顶上。

得理不让人的红军立刻把手榴弹从窑洞的烟囱里扔了进去。

几颗手榴弹从天而降，给守军带来了巨大的伤亡。此时高福源也被炸伤，但他仍然不肯就此投降，挥枪指挥部下向外冲，试图从院里反攻上房顶驱逐上面的红军。

无奈部下已经不听他的了。

说来也是六一九团气数已尽，对于本来对内战就兴趣不大的东北军士兵来说，经过长时间的战斗，精力体力都已经到了极限，再遭到这样一击，手榴弹的威力比团长的手枪威力更大。窑洞里的东北军失去了斗志，纷纷一面喊着“缴枪”一面从窑洞里向外奔逃，高福源也没法阻止。

10 月 25 日下午两点，六一九团团部落入红军手中。

榆林桥之战的最后一幕，落下了，貔貅与猛虎之战分出了胜负。

不，应该说还要提一下高福源此后的命运。说起来高福源不愧是一名猛将，至此已经三处负伤，打到这个地步，竟然还被他突了出来，带着几个卫士边打边沿着洛河撤退，遭到两路红军夹击才弹尽被俘。

耐人寻味的是，高福源没有选择自杀，而是在最后一刻放下了武器，想来其中的理由，与他曾经说过不愿意“白白牺牲”是有关联的。所以被俘后他还一度藏在俘虏群中，试图蒙混过关，但最终被指认了出来。

这一仗，红军伤亡两百多人，东北军也伤亡两百多人，区别是红军多了一千八百名俘虏，经过教育大部分参加了红军。

徐海东一仗打下来，不但补上了所有伤亡，还足足地增编了一个团（二二四团，团长韩先楚，除了俘虏，原红军骨干只有两个特务连和少数陕北少共）。

这还是碰上了高福源这样玩命的对手。

难怪老蒋悬赏十万大洋要徐海东的脑袋，仗要都照他这个打法，国军的将军们可真是没活路了。

十大元帅
是怎样到达秦川的

1955 年，中国人民解放军开始实行军衔制，当时共授衔十位元帅，他们代表着那个时代战功最为卓著的军人，也成为这支军队在某种意义上的象征。

在纪念长征胜利八十周年之际，笔者忽然想起来一个特别的话题——长征，是打造红色军队极为重要的一环。那么，当年的十大元帅，究竟是何时、何地，怎样到达陕甘宁根据地的呢?

这似乎应该是一件众所周知的事情，但当真的去追寻他们的脚步，令人惊讶的是——原来，他们的经历竟然各式各样，几乎每个人走过的道路都有着独特的风采。

朱德元帅

朱德在长征开始之时担任工农红军总司令，同时也是红一方面军总司令。但实际上，此时的他受到从上海进入苏区的临时中央“左”倾领导人排挤，并无军事指挥权，也没有被允许参与长征的筹划与决策，只是在行动开始前需要以他的名义下达命令的时候才通知他。

不过，似乎是天意安排，红军三大主力的长征中，都出现了朱德的身影，与他红军总司令的身份充分吻合。朱德元帅长征的路线，先是依循红一方面军的轨迹，此后一度被张国焘裹挟南下，再率红四方面军北上与红二方面军会师，而后一同到达陕北。他到达陕北的时间是 1936 年 10 月。

朱德是率领红一方面军，于 1934 年 10 月从江西出发长征的。在强渡湘江、突破乌江、四渡赤水和飞夺泸定桥等重要战役中，都显示了他卓越的军事指挥能力。遵义会议后中央军委成立红军前敌司令部，任命朱德为司令员，毛泽东为政治委员，重新确立了“朱毛”对于红军的指挥地位。

在红一、红四方面军于懋功会师后，由于红军分为左右两路军，朱德与张国焘共同指挥左路军——这支部队主力为红四方面军的部队，因此当张国焘试图另立中央南下时，朱德遭到张国焘的架空，被调离了指挥部。但朱德在逆境中仍然有效地做了很多工作——他利用自己在红军中的崇高声望，和徐向前、罗炳辉等共同推动红四方面军将士接受北进的方针，影响了很多官兵，在促成红四方面军主力北上方面起到了重要作用。很少有人知道的是，在左路军中，来自红一方面军的部分指战员曾有武力对抗张国焘，甚至捉拿他的计划，朱德并没有支持，他坚决反对红军打红军，坚持用和平的方式解决内部问题。

1935 年 7 月，红二、红六军团（后改编为红二方面军）在甘孜和红四方面军会师，朱德与贺龙见面。此后，在各方面的敦促努力下，红二、红四方面军分三路北进，终于在 1936 年 10 月与红一方面军在会宁和将台堡会师。朱毛也在这时重新会面，此时朱德元帅的身份，依然是红军总司令。

朱德元帅在长征过程中曾屡次遇险，特别是遵义会议后的土城之战，他亲自到前线指挥，一发川军打来的炮弹与他擦肩而过，幸而没有爆炸。反而国民党空军曾宣称在轰炸中炸伤朱德，倒属于子虚乌有的事情。

彭德怀元帅

彭德怀在长征开始时担任红三军团军团长，率部于1934年10月10日从长汀出发，他所走的长征路，也正是红一方面军最标准的长征路线。他到达陕北的时间是1935年10月。

在红一方面军的长征途中，红三军团始终是最为重要的野战兵团之一。长征开始后，彭德怀指挥该军团连续突破四道国民党军设置的封锁线，随后又恶战湘江，掩护中央机关完成转移。

此后的娄山关、遵义、四渡赤水、巧渡金沙江等战斗中，红三军团皆有突出表现，与红一军团共同形成红一方面军的两个拳头。由于红三军团作战勇猛，损失也极为严重，军团参谋长邓萍、红四师师长洪超等皆牺牲于长征之中。当张国焘试图分裂红军时，彭德怀果断率红三军团随中央北上，1935年10月到达吴起镇，与陕北红军会师。这时，彭德怀的职务是红一方面军改编的“中国工农红军陕甘支队”司令员。

在吴起镇，彭德怀元帅指挥红军果断地消灭了尾追的敌军，毛泽东为此赋诗相赠——“山高路远坑深，大军纵横驰奔，谁敢横刀立马，唯我彭大将军。”彭德怀得诗后，将最后一句改为“唯我英勇红军”赠还。

林彪元帅

林彪在长征开始时担任红一军团军团长，率部于1934年10月从江西开始长征，他所走过的长征路，与彭德怀的长征路线基本重合。所说二万五千里长征，其距离之计算，即是依据红一军团的行军日志，以此为基础加上迂回、打粮等必要的行军而统计出来的。

红一军团是红一方面军的重要主力之一，在强渡大渡河等多次战役中屡立功勋。其中多有体现林彪军事才能之处。在二打遵义时，林彪曾率部驰援坚守老鸦山的红四师，黄克诚晚年回忆：

我对林彪说："好险啊！"林彪不以为然地说："你们当初守卫在山头上就是了，不应该去追击。"我说："敌人已逼近遵义城，不将敌人赶跑怎么得了！"林彪若无其事地说："当敌军正在向你们进攻的时候，红一军团的部队已向敌军侧后包抄过去，我军已化险为夷。陈赓到了你那里时，敌军的败局已定。"说话之间，果然敌军已全线崩溃。

不过，林彪在某些方面颇为固执，遵义会议后曾对中央的军事指挥提出不谨慎的意见，造成了不甚良好的影响。

林彪是随红一方面军改编的工农红军陕甘支队，于1935年10月到达陕北吴起镇的，当时的职务是陕甘支队副司令员，第一纵队（主要由红一军团缩编而成）司令员。

刘伯承元帅

刘伯承在长征开始时担任红五军团参谋长。这位毕业于伏龙芝军事学院的前川军名将本是红军的总参谋长，但因为反对李德等人教条死板的战术指挥而遭到迫害被降职。事实上，他差一点就被列入留守苏区的名单，只是周恩来的据理力争才使他得以随军出发。1934 年 10 月红五军团从于都开始长征，刘伯承协助军团长董振堂担任了中央红军的后卫任务。此战，红五军团的三十四师伤亡殆尽，而黎平会议后，红军总部也认识到刘伯承元帅的重要价值，将其调回担任总参谋长，此后红军的多次战役胜利，都有刘伯承的心血在其中。

刘伯承元帅的长征路线与朱德元帅基本相同，也是先随红一方面军，后随红四方面军完成长征。仅大渡河之战时，他指挥已经渡河的右路军，与朱德总司令所在的左路军隔江而上，算是两人之间短暂的分离。在和张国焘相斗时，刘伯承显得更为激烈，以至于张国焘恼羞成怒，曾以枪毙相威胁，但刘伯承不为所动。最终，张国焘强行剥夺了刘伯承红军总参谋长的职务，以其改任红四方面军红军大学校长。

刘伯承于 1936 年 10 月随红四方面军到达会宁，与先期到达的红一方面军会师，并立即被任命为红军前敌总指挥部参谋长、红军总参谋长。

在长征途中，刘伯承元帅最富有传奇色彩的经历，是经过彝族区时，耐心细致地宣传红军的民族政策，与彝民首领小叶丹歃血为盟，结为兄弟。这保障了红军仅用三天时间便顺利通过彝族区，直趋大渡河，为此后飞夺安顺场和泸定桥、摆脱国民党军的围追堵截创造了条件。

贺龙元帅

贺龙在长征开始时的职务是红二军团的军团长，他的长征起点与其他元帅皆不相同。1934 年 10 月，红一方面军开始长征之时，他指挥的红二军团在贵州木黄刚刚与萧克指挥的红六军团会合。此后，他们一度得到的指示是在湘鄂川黔边境建立根据地，等待和接应中央红军的西征。直到 1935 年 10 月，红二、红六军团正式开始长征。

红二、红六军团所走的长征路线，虽然起点离陕甘宁的距离比红一方面军出发的江西要近，但他们行进的道路要更加曲折。贺龙率领这支后来和红三十二军合编成红二方面军的部队，一直南下到云南中西部，然后折而北上，在甘孜与红四方面军会合，而后穿越草地，奔向陕北。

在贺龙元帅的这支队伍中，除了红军指战员以外，还有两个特殊的“客人”。一个是被俘的国民党军中将军长张振汉，一个是英国来的传教士薄复礼。他们都和红军一起体会了长征的滋味，后被释放。薄复礼在后来写的回忆录中，对于红军表达了颇多好感，还提到他曾利用祖父教的技术为贺龙的女儿织了一件小毛衣。

贺龙元帅是在 1936 年 10 月 22 日，红二方面军与红一方面军在将台堡会师时率部回到红军主力的，此时，他的职务是红二方面军总指挥。

有意思的是，贺龙所部红二军团的一个团，在长征到理塘的时候一度走错了路，渡过独龙江到达了中缅边界，还曾过境与英缅军有过交往。由于红军纪律严明，对方客气地为红军提供了粮食，并写了一封书信送回。由于这个团的红军无人认识英文，直到这封信到了军团政治部主任甘泗淇手中，才知道他们居然走出了国。

陈毅元帅

陈毅是十大元帅中唯一没有跟随主力长征的。他的腿在第五次反“围剿”的战役中负了重伤，无法跟随大部队行动。故此，主力红军从江西出发的时候，他被留下担任中央苏区苏维埃政府办事处主任，和项英一起坚持苏区的抵抗。

中央苏区在主力远离的情况下仍然顽强地抵抗了三个月，直到1934年12月，才全部沦陷。陈毅等砸毁电台（因密码已更换，和中央联系中断），率残部向深山突围，其间很多重要的领导人如何叔衡、刘伯坚、毛泽覃、贺昌等先后牺牲。

陈毅率残部退守到五岭山脉的油山、梅岭等地，坚持游击战争。这样的战斗一直持续了三年之久。直到1937年8月，由于国共组成抗日民族统一战线，陈毅和他的部下才从山中的根据地走出——根据双方协议，南方八省的红色武装，改编成新四军投入抗日战争。同样在南方八省坚持战斗的，还有项英、杨尚昆、谭震林、粟裕等红军将领，他们都艰难地支撑到了抗战胜利时。

陈毅在红军时代没有到过陕北，他是1942年从苏北根据地前往延安参加整风运动，才到达陕北的，是十大元帅中，最晚到达陕甘宁边区的。

值得一提的是长征中的红军是通过报纸才了解到陕北根据地的存在，而陈毅等人，也是通过缴获的国民党报纸，才得知中央红军长征中的踪迹的。这些消息，显然坚定了他们继续抵抗的决心。

罗荣桓元帅

罗荣桓在长征开始的时候，职务是红八军团政治部主任。1934年10月，他和该军团的部队从兴国出发，开始了长征的历程。从路线上来看，罗荣桓元帅所走的长征路也是红一方面军的标准长征路线，只是这个过程中，他部下的部队打得更加惨烈。

说部队打得惨烈，是因为红八军团在湘江之役后，仅存一千余人，不久便取消了番号。之所以会有这样的情况发生，主要原因是这个军团过于年轻，是长征开始前不到一个月，即1934年9月才组建的，大多数新兵几乎未经训练便投身战场。全军的武器也十分匮乏，步枪不足三千支，军团党代表刘少奇将马提供给军团宣传部长莫文骅，自己便不得不改乘骡子。这样一支干部、武器、经验均缺乏的部队却成了湘江之战中的断后部队，结果可想而知，但这个军团在仅仅三个月的战斗中表现还是很不错的。在突破四道封锁线的战斗中打得勇敢顽强，剩余部队编入红五军团后也保持了较好的战斗力，这说明罗荣桓等指挥员在工作中发挥了巨大作用。

此后，罗荣桓先后任红三、红五军团政治部主任，又曾担任红一方面军政治部副主任，军委总政治部巡视员等职务。在这期间，罗荣桓元帅充分显示了出色的政治工作能力，特别是在过草地等艰难时刻，他的政治鼓动工作和以身作则的做法有效地鼓舞了部队走出困境，被包括毛泽东在内的中央领导同志视为红军政治工作的优秀典范。

罗荣桓是在1935年10月，和红一方面军改编的工农红军陕甘支队一起到达陕北吴起镇的，当时的职务是第一纵队政治部副主任。

红十团二营营长陈海涵回忆，罗荣桓在随他的部队行军时总是走在最前，吃在最后。一天，有个班长忽然拦住他，说："罗主任，我们一起从江西走到这里，已经是一家人了……今天我们对你有一个要求，你无论如何都要答应。"罗荣桓以为是战士有什么困难，便答应了，结果那个班长立刻端出一盆煮好的野菜来，说："也没有别的要求，就是想请你吃一点东西，这是我们专门给你留下的。"罗荣桓元帅在长征中深受官兵爱戴，由此可见一斑。

徐向前元帅

徐向前在长征开始时的职务，是红四方面军总指挥，同时，也是中华苏维埃共和国的中央执行委员。他在1934年4月指挥红四方面军发动嘉陵江战役，突破川军封锁，控制了东起嘉陵江、西至川北、南起梓潼、北抵川甘边界，纵横三百里的广大地区，为迎接红一方面军做好了准备。这一战役，也是红四方面军长征初期的重要战役。徐向前元帅所走过的长征路，是先南下迎接中央红军，而后共同北进，中途由于张国焘的干扰再次南下，失败后会合红二、六军团，最终北上陕甘宁，这条复杂的路线便是红四方面军将士典型的长征之路。

在长征前鄂豫皖、川陕的多次战役中，徐向前元帅都表现出了出色的军事才能，说国民党军中畏其如虎绝非夸张。而长征中，他又通过包座之战等一连串“杰作”续写了这段传奇。不过在长征中最难能可贵的是当张国焘试图分裂红军时，徐向前一句“哪有红军打红军的道理？！”阻止了事态的进一步恶化，也反映了他沉稳的政治觉悟。此后，虽然出身于红四方面军，徐向前元帅却坚决和朱德、刘伯承、贺龙等站在一起，反对张国焘的错误路线，促成了红四方面军的全军北上。

徐向前元帅是在1936年10月，于红四方面军和红一方面军在会宁会师时到达陕甘宁根据地的，当时职务仍然是红四方面军总指挥。

应该提到的是，尽管徐向前元帅出自红四方面军，但一度执掌红四方面军的张国焘从来不信任这位百战将星，曾经为了将徐向前打成改组派而暗中逮捕了他的妻子程训宣，并在逼供无果的情况下将其杀害。

聂荣臻元帅

聂荣臻在红军出发长征之时，担任红一方面军政委。1934年10月，他指挥部队从江西开始了长征的历程。与彭德怀和罗荣桓一样，他所走过的长征之路，也是红一方面军标准的长征路线。

尽管从职务上说，聂荣臻元帅在长征中担任的是政治军官，但依然体现出了其出色的军事指挥才能。在突破苏区外围四道封锁线的时候，他提出谨慎用兵，建议抢先占领军事要塞九峰山，甚至不惜为此与军团长林彪发生冲突，最后证明如不是先占此地，红军中央纵队可能遭到重大损失。而红一方面军进入陕北前最后一战——奇袭腊子口的战斗中，聂荣臻元帅也发挥了重要作用。这次战斗是由红一军团执行的，通过攀援敌阵后方悬崖，终于拿下这道险关。整个战斗中，聂荣臻元帅都在距敌二百米的古栈道旁指挥作战，而敌人扔下来的手榴弹破片，竟在其前方堆积达半米厚！这些辉煌战绩显然为此后聂荣臻元帅在抗日战争、解放战争中承担独当一面的军事指挥职责奠定了基础。

聂荣臻元帅是在1935年10月随红一方面军改编的工农红军陕甘支队到达吴起镇，与陕北红军会师的，当时他的职务是第一纵队政委。

新中国成立后，聂荣臻曾写有自传体的《长征》，里面提到过湘江之战的惨烈。此战损失之大，以至于令当时军事指挥三人团之一的博古（秦邦宪）感到绝望，竟在阵前欲拔枪自尽。聂荣臻当时正迎面而来，当即大喝其住手，才挽救了他的生命。

叶剑英元帅

叶剑英在长征开始前担任红军学校校长兼政委，长征开始时调任军委第一纵队司令员，他是随红一方面军进行长征的，但差一点后半段跟着红四方面军行进。

说差一点，是因为红一、红四方面军会师的时候，叶剑英被任命为红四方面军参谋长。不过，最终他还是跟随着毛泽东所在的左路军，也就是以红一方面军为主的部队行动，而没有像朱德和刘伯承那样留在红四方面军。这中间，发生了张国焘密电左路军中红四方面军部队南下，却被叶剑英发觉并通知党中央的事件。这一事件成为党中央率红一、红三两军团先行北上的导火索。毛泽东后来曾夸赞叶剑英“诸葛一生唯谨慎，吕端大事不糊涂”。此后，叶剑英元帅在红一方面军率两个团先行进入草地，担任先遣队的指挥员，那时，他在广西行军时遭到敌机轰炸腿部所中的弹片还没取出呢。

叶剑英元帅在 1935 年 10 月随红一方面军改编的工农红军陕甘支队到达陕北吴起镇，当时的职务是陕甘支队参谋长。

很少有人知道，叶剑英对很多经历长征的老红军来说还是救命恩人。长征前夕的秘密准备期间，曾对干部进行审查，将所谓“有问题”的干部分为 ABC 三类，其中 A 类要枪毙。叶剑英闻讯大惊，找到当时的中央负责人，一个干部一个干部地做工作，要求不能杀人。最终很多人被他保护下来。关于此事叶剑英一直没有透露，有的干部，如边章武到晚年才知此事，不禁感叹：“没有叶帅，我们早就报销啦！”

十大元帅走过的路程，仿佛十个活的传奇，记录着红军的壮举，也为历史留下了丰碑般的记忆。

红军记忆，陕北印象

在外国记者拍摄的照片中，有些画面显得不可思议。在他们拍摄的照片中，红军居然有一支用自行车武装起来的半机械化机动部队。

他们和骑兵相结合，在陕西的塬上行进如飞。而且，据笔者观察，这些自行车居然大多还是“凤头”（20世纪30年代国内最好的自行车是英国产的Raleigh牌，中国人俗称它为“凤头”，上面一个标志跟凤凰头似的，底下是一个R）。

这恐怕是无可奈何的，因为当时我国还没有制造自行车的能力。但中国人使用自行车的历史还是蛮久的。20世纪30年代开始，很多年轻人不坐三轮，不坐公共汽车，都是骑自行车，就跟今天玩跑车差不多。尽管天津在1936年生产出了从日本进口零件组装的铁锚牌自行车，但销路不广，大多数城市没有国产车，只有进口车，直到50年代才出现永久、飞鸽、凤凰等这些牌子的自行车。当时流行的几种车子红军都曾使用，比如汉牌，因为它的原文是Hamburg，即汉堡，很多人误会这个车是德国的，实际上这也是英国的品牌。此外还有三枪和飞利浦，三枪的商标图案就是三根毛瑟枪支在一起。

1930年，一个在北京做保姆的女士回到老家河北，向她的小姐妹吹嘘在京城见到了一种奇怪的时髦东西：“两脚一动，轱辘就会转，好像是画上的那个哪吒。”小姐妹听了两眼发直，直念阿弥陀佛。内地省份很多人从来没见过自行车，自然

红军自行车部队

国民党军自行车队

操练中的红军队伍，所用的是二战名枪——汤普森冲锋枪

是这个反应。红军的自行车主要是歼灭国民党军缴获的。

从照片上看，红军不仅使用名车，而且使用名枪。

汤普森冲锋枪，即美国 1921 年研制的 Thompson 冲锋枪，在中国被称为“汤姆生手提机枪”。这种枪刚问世的时候一度被美国陆军拒绝，倒是孙中山对其颇为青睐，购买了一批装备自己的卫队。在黄埔军校建军的纪录片中，可以看到孙总理卫士身上背的就是汤普森冲锋枪。汤普森冲锋枪有着“芝加哥打字机”的诨名。二战爆发后，看中了其强悍的近战火力和优秀的可靠性，美国陆军大肆购买这种打子弹如泼水的“败家”武器。

不过，缺乏弹药的红军没有败家的资格，这些枪主要是从阎锡山的部队缴获的，是东征时的战利品。早在 1927 年 1 月，阎锡山便建成专门的冲锋枪厂批量生产仿汤普森冲锋枪，但质量不佳，所以红军缴获后虽然使用，但并不十分喜欢，到抗战时就基本转给民兵使用了。

与汤普森冲锋枪相比，红军更乐于使用1918年型冲锋枪，即MP-18冲锋枪。红军使用这种冲锋枪，可算是有历史了。长征中，我军曾有一支全由干部组成的团屡建奇功，这个团就是由团长陈赓、政委宋任穷率领的干部团，他们的独特之处便是钢盔加冲锋枪。

1934年10月长征前夕，中革军委决定将四所红军学校合并成干部团，下设两个步兵营、一个政治营、一个培养炮兵及工程兵的特科营和由高级军政干部组成的上干队，总共一千多人。干部团的普通战士都是连排级别的干部学员。这支部队主要负责军委的安全，只在必要时才投入战斗。遵义会议后，红军挥师北上，与川军郭勋祺部在土城陷入苦战。当时敌人已打到我军指挥部的前沿，危急时刻，朱德都冲上前线指挥战斗，毛泽东不得不急令干部团加入战斗。干部团当时装备了冲锋枪和钢盔，敌人从没见过戴钢盔的红军，一下全都溃退了。一旁观战的毛泽东在看到川军凶猛的进攻被压下去后也兴奋地说："这个陈赓，可以当个军长！"

而真正让干部团一举成名的则是在金沙江畔飞夺皎平渡一战。1935年4月底，红军佯攻昆明，诱使防守金沙江的滇军回援。为抓住战机迅速渡江，干部团兵分两路。一路为红军参谋长刘伯承亲自率领，他们强行军一百六十里消灭了皎平渡两岸的敌人，控制了渡口。而另一路陈赓率领的后梯队不得不在陡峭的山路上急行军。山路的一边是猛烈的火力，另一边则是万丈绝壁。一番激战之后，干部团以四死六伤的代价毙敌数百人，占领了该县城。此后川军一听到头戴钢盔的红军便望风而逃。

1935年，中央红军和红四方面军会师后，中央将干部团与红四方面军军校合并成立红军大学，许多学员被补充到主力部队当干部，他们中很多人日后成为了解放军的高级将领。

红军装备的MP-18冲锋枪，是由路易斯·施迈瑟（著名枪械设计师雨果·施迈瑟的父亲）设计的。MP-18冲锋枪是在1917年，应德国军队要求而设计的一种能够在堑壕近距离作战时有效使用的武器。

当时在伯格曼工厂工作的施迈瑟设计出了一种简单有效的自动武器，这种武

红军更青睐的是这种德国 MP–18 冲锋枪，朱德总司令的卫队便装备这种被称作“花机关”的近战利器

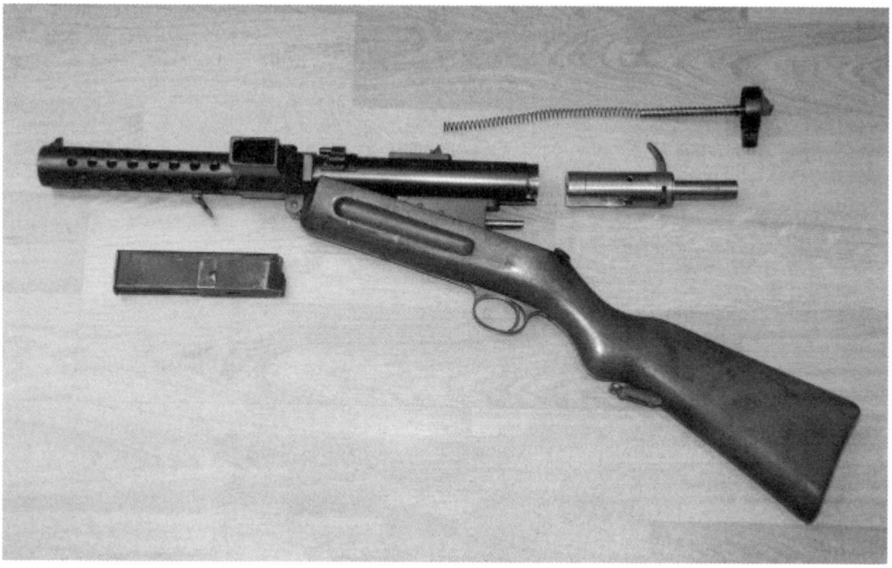

MP－18 冲锋枪结构简单，火力强，很适合战场使用

器发射当时德国的制式手枪弹，即著名的 9×19 毫米鲁格手枪弹。早期的原型枪在被测试时，使用的是双排弹夹，但是军方坚持要求采用一种 32 发的蜗牛状弹鼓（TM08），这种弹鼓最初是为卢格 P08 手枪设计的。然而这种笨拙的弹鼓导致整支枪使用起来极为不便，而且相当不可靠，反而成为了该枪主要的缺陷。不过，仍然有三万支 MP－18 冲锋枪在停战前被生产了出来，至少一万支被送到了前线部队手中。在一战结束后不久，施迈瑟把他的枪重新换回了更方便可靠的弹匣，并为魏玛共和国警察所少量使用。

MP－18 冲锋枪被认为是世界上第一款真正的实用冲锋枪，其设计被后来的许多冲锋枪所借鉴。

上世纪二三十年代，中国军队曾从德国大量引进 MP－18 冲锋枪（中国人曾称其外销版为“花机关”），全枪长 832 毫米，重 4.1 千克，弹匣容弹量 32 发，初速 395 米 / 秒，射程约 70 米左右。因成本较高，体积、重量较大，可靠性差，所以未能成为士兵的标准装备。只是配发给班长以上的士官，为战场上的制式武器。

不但红军喜欢使用 MP-18，德军、美军和国民党军等也有此装备

值得一提的是，国民党军的机关枪手一般为班长级别的士官，他们配备一挺 MP-18 冲锋枪，除单兵个人携带的行具外还配有冲锋枪专用的皮制六袋弹匣组，可装其专用弹匣六匣（每匣 32 发子弹）。MP-18 冲锋枪专用弹夹包的搭披与毛瑟枪手一致，也是通过 Y 字形肩带和背后的皮带扣系在后腰上，用的是固定弹匣，后者多为插入式。20 发固定弹匣也有，但是极为罕见。可是，这样精心配制的冲锋枪部队，在作战中却不是红军的对手，只能说作战意识和觉悟还是很重要的，战争不仅仅是比武器。

红军也曾尝试自己仿制“花机关”，中央红军兵工厂 1931 年秋成立，有二百五十多名工人，最初生产大刀、梭镖、鸟铳等。1932 年红军占领漳州后，缴获了一个完整的修械厂，兵工厂工人增加到千人以上，后来竟能仿制 MP-18 冲锋枪，只是因为材料问题，质量不理想。这个兵工厂还能生产手榴弹、子弹、炸弹、地雷、手枪、迫击炮等武器。

外国记者经常发现有红军在学习“英语”，只是这个红军版的“英语”连美国人也听不懂

红军在进行抗日教育，准备开赴抗战前线

红军用标语表达了自己的政治理念，“开放民众自由，实现民主政治”。但临时挂上去的英文标语却挂反了，不由得让来访的外国记者怀疑一般红军战士是否真的理解其含义

外国记者们事后才明白，原来照片中红军学习的并不是英语。而谈到红军，很多人会认为这是一支政治理念先进，但文化水平不高的军队，其实红军特别是红一方面军的将领很多是知识分子，他们对共产主义的信仰不仅仅出于纯朴的阶级感情，而且还源于对当时世界思想潮头的敏感。在当时的先进知识分子中，不乏认为中国的传统象形文字落后难以学习，需要转变为字母文字的思潮。在我们的邻国，日本就是不断扩大平假名和片假名字母的使用，逐渐减少日文中汉字的比例。

中国也曾有多次对文字进行改革的尝试，红军有此努力也不奇怪。谢觉哉等在长征途中创造了一种拼音文字。这一成果成为后来汉语拼音的前身，而汉字最终并未被列入革命对象，仅仅进行了简化，算是东方传统文化和现代工业文明间的一次妥协。这种拼音可以大大降低识字难度。同时，红军中大量经历长征的战士来自南方，因此到北方后会出现语言障碍。这种拼音学习的目的，也是为了让南方士兵能够更好地向当地民众宣传红军。当然，如果仔细看的话，会发现当时

这种拼音似乎在陕北颇为流行，以至于红军的标语也加上了拼音

拼音的发音与今天的正式汉语拼音颇有区别，比如“打倒日本帝国主义”中间的“主义”二字，按照此处的发音是连成一个“追”字的。这也许是早期拼音的缺陷，但更可能源于教员自己不够规范的发音。

不过，红军的学习并不仅限于此。

在苏联红军中，“列宁室”通常和部队图书馆分享同一空间，有固定的营房。中国的红军无法这样奢侈，他们的列宁室只要一块空地、几把桌椅就可以开始活动了。有意思的是，列宁室的正中挂有一幅毛泽东的肖像——其形象显然来自斯诺的照片——他戴的帽子和旁边这些红军战士不太一样。

斯诺在为毛泽东拍照的时候，特意找了一顶新军帽，这是一顶红军标准的八角帽。但长征途中红一方面军的战士为了简化制作流程和出于实用的目的，普遍戴的是下页图中战士的那种帽子。按照徐焰将军所述，这批服装是在遵义所制，此后红军一路在条件艰苦的雪山草地等处作战，便没有机会做新衣服了。这种帽子的正前方有一块用红布缀成的五角星，是红军的标志。

红军的部队仿效苏联设有列宁室，也就是进行政治学习和文化教育的专门机构，在这里红军战士进行学习的内容，包括了中国历史，也包括了世界形势

红军战士这种军帽还缀有帽带，可以勒在下巴上避免掉落

但戴上这种帽子的红军，形象的确有些特别，以至于红一方面军和红四方面军会合的时候，双方都疑虑重重——红一方面军的军帽不像红军，而红四方面军的深色军服红一方面军也没见过。双方差点儿打起来，只是最后采取了对歌的方式才认定了彼此是同志。红二、红四方面军戴的是八角帽，与红一方面军这种帽子不同，陕北的老乡没有见过，便将戴八角帽的红军称为“大头红军”，而把戴小圆帽的红军称为“小头红军”。

接下来，说说飞机那些事儿。飞机是红军的敌人。斯诺曾在《西行漫记》中记录了红军对于飞机的警觉：

出城没有几里路，突然下达了一个防空演习的命令。一班班的战士离开了大路，躲到了高高的野草丛中去，戴上了他们用草做的伪装帽、草披肩，在大路边多草的小土墩上支起了机枪（他们没有高射炮），准备瞄准低飞的目标。几分钟之内，整条长龙就在草原上销声匿迹了，你分不清究竟是人还是无数的草丛。路上只有骡子、骆驼、马匹仍看得见，飞行员很可能把它们当作普通的商队的牲口。不过骑兵（当时在打先锋，我看不到）得首当其冲，因为他们唯一的预防措施是就地寻找掩护，找不到就只好尽可能分散开来，但是不能下马。空袭中无人驾驭，这些蒙古马就无法控制，全团人马就会陷入一片混乱。在听到飞机嗡嗡声时给骑兵的第一道命令就是——“上马！”

不过，这种看法也不尽然，红军中也曾有飞机，而且曾发挥相当的作用。比如，红军时代，担任红一军团政委的聂荣臻，居然有一架自己的专机。

原中国人民解放军总参谋长杨成武，1991年曾在接受记者采访时回忆红军攻打漳州的经过，提到在打下漳州之后，红一军团政委聂荣臻，是乘飞机从漳州飞回中央苏区首府瑞金汇报战况的。当时杨成武还对他说：“你怎么冒冒失失的，也不知道那个飞行员技术可靠不可靠就飞回去了？”

红军时代军团政委坐飞机回瑞金？！难道是杨成武老爷子忽悠……胡说，杨老爷子何许人也，炮毙阿部规秀，用炮弹说话的主儿，人家会忽悠？

聂荣臻在飞往瑞金前在飞机前照相留影，画面右侧的就是这位后来的科技元帅，左边的那位，也是赫赫有名的人物，正是当时红一军团的军团长林彪

实际上这段描述虽然让人惊奇，但却是事实，还有照片为证。

可是，“红米饭，南瓜汤”的红军哪儿来的飞机呢？

当然是缴获来的。

实际上红军早在1930年就开始拥有飞机。当年2月，鄂豫皖红军在宣化店缴获因故障迫降的国民党空军飞机一架，飞行员龙文光被俘加入红军。这架可塞－02U－4型侦察机的飞机修复后被命名为“列宁号”，是红军的第一架飞机，曾参加过攻打黄安等战斗。

“列宁号”飞机有一架复制品，现陈列在北京军事博物馆中。

然而，鄂豫皖和福建远隔千里，聂荣臻乘坐的飞机，显然并非这架“列宁号”。事实上这架飞机的确不是“列宁号”，而是另一架被命名为“马克思号”的教练/轰炸机。这架飞机是红军在漳州作战中缴获的。

对比“列宁号”，红军中的“马克思号”飞机名声不彰，然而，它短暂的一生却颇为传奇，其中颇有几个难解之谜。

第一个谜，国民党军天上飞的飞机怎么会被地上跑的红军缴获了呢？

“列宁号”在红军长征时被迫掩埋在大别山区，后来机身被国民党军发现并摧毁，这是当时的照片

根据记载，攻打漳州之战发生在1932年4月。12日，红军攻克漳州外围龙岩。由于红军行动神速，国民党军的一架飞机飞来侦察。当该机飞经红三十三团宿营地上空时，副团长陈冬生架起机枪打了一梭子弹，飞机中弹摇摇晃晃地飞走了。有趣的是，20日红军占领漳州，陈冬生带领部队进入桥南机场的时候，却发现被他击伤的这架飞机正停在那里，机身有弹孔，座舱里还有血迹！

高兴的红军官兵将这架飞机命名为“马克思号”。

根据当地老百姓的说法，这架飞机的飞行员被红军击伤送到医院去了，据说已经死了。看来，是因为没有驾驶员，国民党军溃散时又没有来得及破坏，这架飞机才完整地落入了红军之手。

那么，国民党方面的记载是不是与此相符呢？

这就是有关“马克思号”飞机的第二个谜了。在国民党空军的序列中，找不到这架“马克思号”飞机被俘的纪录。它是属于国民党哪个部队的，为何被放弃呢？

福建军阀张贞，本人没太大名气，手下有个少校副官后来却大名鼎鼎，就是曾为毛泽东秘书的陈伯达

原来，这架飞机的确不属于国民党空军，而是福建军阀张贞所部使用的。

张贞，诏安县人，福建军阀，北伐战争中投入国民党阵营。红军进攻漳州时担任“福建省剿匪司令部司令”，兼四十九师师长。

张贞所部均为地方武装甚至土匪，在漳州之战中抵挡不住红军的攻势弃城而逃。虽然战斗力不强，张贞却是民国军阀中少数有眼光的人物，他还兼任一个职务——闽南航空处处长。他看好飞机在战斗中的作用，因此在闽南辖区征收飞机税七十万元，先后从国外买进五架飞机。这架后来的“马克思号”就是其一。

瞧，别说红军穷，飞机已经可以编号了。

红军在漳州缴获国民党军飞机的照片

根据国民党方面的记载，这架飞机4月10日是由闽南航空处飞行员周琪驾驶前往龙岩侦查红军行踪的，飞机上还有一人是四十九师特别党部主任吴光星。可能由于被陈冬生击伤，该机返航途中迫降，挂在了一棵大树上，飞机上的两人都受重伤，但没有死。幸好航空处副官汤涛闻讯前去救援，才把人机运回漳州。红军打来时人跑掉了，飞机却落入了红军手中。

不过，根据记载，红军在桥南机场缴获的飞机，有两架。的确是两架，《解放军日报》刊载了当时红军在漳州和另一架被俘飞机拍摄的合影，虽然不够清晰，但可以明显看出与林、聂合影中的飞机不是同一架。

“马克思号”的第三个谜就是——它到底是其中哪一架呢？是否存在两架飞机都被命名为“马克思号”的可能呢？

在《聂荣臻传》中提到，漳州两架被俘的飞机，一架能飞，一架不能飞，红军只把能飞的那架飞机带走了，另一架命运不详，估计是撤离时被破坏。

根据台湾航空史专家黄孝慈先生考证，国民党军记载这架红军中的“马克思号”飞机，是一架德·哈维兰 DH-60 蛾式教练 / 轰炸机，后来曾经轰炸过赣州的国民党军阵地。

德·哈维兰 DH-60 蛾式飞机，是一种英国生产的双座双翼教练 / 轰炸机，装一台 120 马力发动机。1925 年 2 月 22 日首飞，其性能优异，操作维护简单，而价格却颇为便宜，因此深受客户欢迎，曾被美国、加拿大、芬兰等国空军采用，主要担任教练工作，有时也执行通讯和轰炸的任务。至今，这种飞机仍有生产，作为初级教练机使用，可谓长寿。1930 年，爱国华侨曾向国内捐赠六架 DH-60 飞机，因使用效果很好，此后各地陆续购买数十架，大部分在 1937 年抗日战争爆发前退役。张贞所部的 DH-60，应该也是这时候买进的。

林彪和聂荣臻合影照片上的那架飞机，正是一架 DH-60 蛾式教练 / 轰炸机，当为“马克思号”无疑。而在《解放军日报》刊载的那张照片中的飞机，看来似乎是一架 O-2M 道格拉斯轰炸 / 运输机。

根据黄孝慈先生的资料，落入红军之手的“马克思号”，竟然还能起飞轰炸赣州的国民党军阵地，它落入红军之手后的命运如何呢？这或许可看作“马克思号”的第四个谜。

当时，飞机还是个稀罕玩意儿，缴获后，红军官兵闻讯纷纷赶来观看，连第二天到达漳州的毛泽东也不例外。

看到这架飞机外观基本完好，红军决定修复这架飞机为己所用。当时在漳州的漳龙汽车公司工人张国材、陈文川等被请来参加修复飞机的工作。根据陈文川回忆，这架飞机看起来状况良好，只是蓄电池的电全部放光了，所以无法启动。工人们用汽车的发电机给飞机充电，就飞起来了。在漳州庆祝“五一”国际劳动节群众大会时，由一名学过飞行的红军干部驾驶这架飞机，在漳州上空散发了庆祝传单，扩大了红军的影响。

这架飞机到达瑞金后，在长汀公园展出过，后因缺少备件，在执行一段时间

斯诺拍摄的红军照片——毛泽东和朱德的合影

的任务后，为避免落入国民党军之手，最终被销毁。所以，红军长征途中和到达陕北的时候，的确已经没有飞机了。只是红军还有一部分西路军官兵，在到达新疆后转入航空学习，后来成为红色军队最早的航空人员。

日本军事历史学家中山雅洋的《中国的天空》中，罕见地记录了国民党空军在陕甘宁和红军作战的图片，其中还有在宁夏机场国民党飞机失事的照片，说明和红军作战的时候飞机也并非占尽上风。

今天我们可以通过外国记者拍摄的照片看到当时红军的风貌，那么，是哪些记者记录了这段历史呢？

访问红军最早的外国记者，是 1936 年到达陕北的埃德加·斯诺，他访问了红色根据地，采访了毛泽东和朱德等红色领袖，并写下了三十万字的《红星照耀中国》，这本书在 1937 年和 1938 年两次出版，成为西方了解中国共产党的最早的参考资料。斯诺也因为这个原因被罗斯福召见，在白宫待了整整一夜，罗斯福试图通过和斯诺的交谈弄清红军究竟是怎样的一批人。

除了妇孺皆知的斯诺，还有一些其他外国记者访问了陕北的红色根据地，包括爱泼斯坦、斯特朗和史沫特莱等，其中以红军改编前夕到达陕北的哈里森·福尔曼等拍摄的照片最多。

Explorer Praises Chinese for River Trap; Forman Sees Vast Damage in a Bigger Flood

Wireless to THE NEW YORK TIMES.

TOKYO, July 10.—When the Japanese Army entered Suchow and Kaifeng, which had been Chinese strongholds on the Lung-hai Railway, they found no enemy troops and were mystified by the sudden retreat.

Harrison Forman, explorer and author who was the first foreigner to enter Suchow after its occupation and the first to take motion pictures of the Yellow River flood, said here today that the defenders' flight was part of the Chinese plan to trap the Japanese Army by cutting Yellow River dikes.

"Apparently," said Mr. Forman, "the Chinese successfully trapped the Japanese troops, causing some loss of men and an enormous loss of equipment. This resulted in a three-month setback to the campaign against Hankow.

"Militarily considered, it was a brilliant achievement of Chinese strategy. From the humanitarian point of view, however, the price paid by the Chinese was stupendous.

"Qualified observers conclude that whereas the breaks in the dikes might have been repaired if attempted speedily it is now practically hopeless because the flood season is only just beginning. The Japanese military authorities were prepared to repair the dikes but were prevented by Chinese machine guns trained on the dike breaks.

"Ninety per cent of the Yellow River is flowing through the breaks in the dikes. The waters ares preading over a wide area of flat Anhwei and Honan Provinces.

"Qualified observers gloomily predict 'the greatest flood in the history of China' the loss of life in the flooded area is not known but it is believed to have been cmoparatively small. The real tragedy is expected to result from the loss of crops and inability to bring in food and other relief owing to war conditions and war monopolization of transport facilities. The most appalling famine that ever visited central China is expected.

"The flood may spread to the Yangtze Valley because the Yellow River waters are now flowing into the Yangtze at Chinkiang, below Nanking, my way of the Hwai River and the Gand Canal. Most of the flood is flowing southeastward."

Always Ahead Of The Headlines!

Straight From The Scene Of Action Comes

HARRISON FORMAN

Author • Explorer • Lecturer • Photographer

Technical Director of "Lost Horizon." Cameraman For "March of Time" and "Paramount News."

With His History-Making Scoop Films and Graphic Eye-Witness Accounts Of

THE FAR EAST AFLAME

First Films of the Gigantic Yellow River Floods! *Exclusive Close-Ups of the Chinese Red Armies!*

Scoop Shots of Formosa, Manchukuo, the Siberian Border, Shanghai, Peking, and Other Centers of Action!

哈里森・福尔曼和他的报道

哈里森・福尔曼和红军与民众在一起，他的摄影作品独具匠心，从一个西方人的视角展示了红军的风貌

福尔曼与贺龙等红军领导人的合影，让世界清晰地认识到红军绝非某些人描述的洪水猛兽

哈里森·福尔曼是美国著名战地记者，他 1934 年来到中国，本来是一个飞机推销商，但随后便成了这里最有效率的记者，从 20 世纪 30 年代活跃到 70 年代。今天我们见到的红军照片，有很多来自他的手笔。

从他留下的照片来看，他对于红军的采访颇为成功。在这样的访问中，福尔曼与红军建立了深厚的感情，为抗战中他再次访问八路军埋下了伏笔。

在各界人士包括外国记者的目光之下，红军换上了抗日的军服，走向了民族战争的战场。这一次出发，是长征这一主题结束的象征，同时，也是红色铺满中国的开端。

附：

在陕北研究航空母舰

——哈里森·福尔曼眼中的红军

红军……研究航空母舰？还是在陕北？！

估计看到这个题目，大家会冒出一个念头，不是笔者发疯了，就是有人穿越了。要是在闽浙赣或者海陆丰苏区的红军里面冒出一两个海军狂人来，也许还现实些，那地方毕竟离大海不算太远。陕北？估计红军那会儿连见过海的都没有几个吧？刚刚爬雪山过草地到达陕北的红军，似乎应该和航母这种当时代表着工业社会和强大国力的兵器无关。但这确实是真的。

红军研究航空母舰这事儿，可是有照片为证的。不仅如此，红军当时还研究潜水艇呢。

1937年，一名在陕北的红军战士，他身后的挂图上可以辨认出一艘航空母舰和各式舰载机

要说航母，对抗战前的中国海军来说，倒不是完全陌生的东西。国民政府的海军部队中曾有三艘冠以母舰头衔的战舰，不过都是水上飞机母舰。

一张陕北红军列宁室中悬挂图片的局部，可以清晰地看到一条潜水艇的解剖图，我们甚至还可以判断出，这是一条英国早期霍兰型潜艇，绘图者并非随心所欲

至于正牌的航母，这种吞金巨兽就只有梦里见过了。民国海军部长陈绍宽为人保守古板，对长翅膀的东西兴趣不大，所以海军中不要说造航母，连个研究航母的机构都没有。

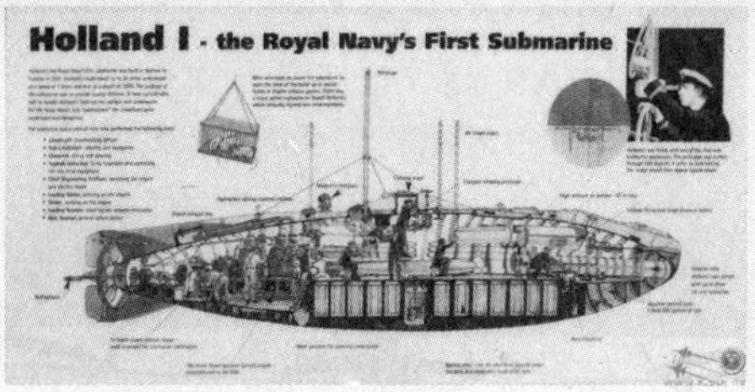

霍兰型潜艇原型——可见其与红军所用的图多么接近

潜艇要好一点，国民政府曾在福州设立飞潜学校，培养人才兼做试造，但仅仅造出了飞机。潜艇的工艺要求超出了民国的工业能力，一直没能动工。1937年，海军部长陈绍宽向德国订购了两艘潜艇，如果能够运抵中国，当为抗战利器，可惜，中日开战时两艘艇还没有完工，此后便没了下文。

东北海军的镇海号水上飞机母舰，是民国海军中航空兵能力最强的舰只，曾在北伐战争中空袭过南方控制的高昌庙海军基地

在这样的背景下，如果陕北的红军真设立一个什么航母或潜艇研究所，那肯定是开国际玩笑。但当时留下的照片中，可以看到红军战士的关注范围里，的确有这些武器。那么，红军研究航空母舰和潜水艇究竟是怎么回事儿呢？这

红军中进行教育时大量使用挂图，其中有些图片颇为精美，而且不仅是宣传挂图，一些先进兵器都有相当准确的剖面图、使用方法示意图等

应该是红军官兵军政教育的一部分。在陕北的山沟里还在研究世界最先进的兵器发展到什么程度，红军做到这一步已经让人颇为吃惊了。

这应该是红军的一个“列宁室”——临时开办在某所房子里的图书馆兼教室。照片上可以看到一部分红军的教育挂图，其中包括了军事方面的内容，也包括了从孙中山到秦始皇，附解说的各代历史人物。

很好奇红军从哪儿搞到的这套图片。从注解使用中文来看，还不是舶来品，但印刷之精美，又不像红军自制的。难道是某个穿越的家伙带去的？

推测，最大的可能是徐海东从张学良那里缴获来的，靠着打败东北军的“围剿”部队，徐海东把部队的机枪配备到一个连六挺，弄几张挂图来只能算是毛毛雨。

在长征之前，红军至少有三架飞机，分别被命名为“列宁号”“马克思号”“马克思 II 号”，瑞金还专门修建了飞机场。可惜的是，这些飞机在长征开始

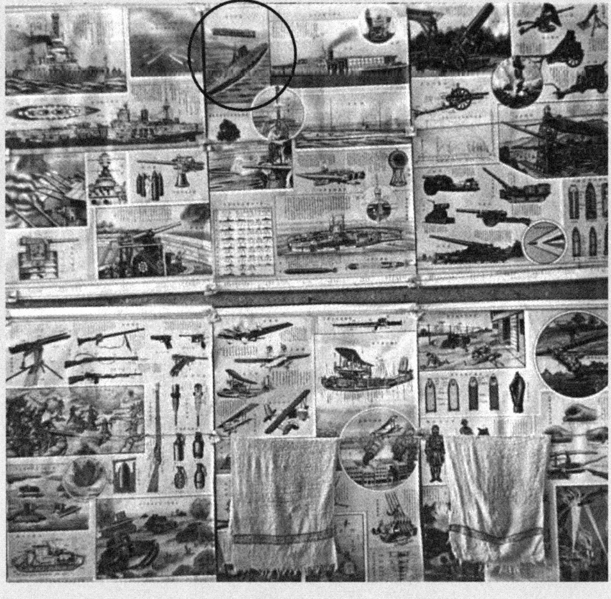

红军的教育挂图，前面还挂着两条毛巾

在这张挂图上，我们可以看到两艘航空母舰的影子

时都已经损失殆尽。

既然有这样的见识，如果某个红军老干部给红小鬼们讲讲用飞机怎么打仗应该不是什么怪事。但是，红军的挂图中，明显不仅有飞机，还有不少当时堪称先进、我国基本见不到的装备。

在这张红军使用的军事教育挂图中，我们找出了战列舰、列车炮、坦克、探照灯等当时堪称最尖端的武器。当然，也有航空母舰。

有趣的是，和潜艇一样，我们同样可以判断这两艘航空母舰的型号，它们都不是臆造的。

近处这艘，应该是美国当时最强大的列克星敦级装甲航空母舰。

宽阔的装甲甲板和巨大的烟囱是列克星敦号极为醒目的特征

兰利号，美国最早的航空母舰，也是在太平洋战争中美国第一艘被击沉的航母

在红军使用的挂图中，还有防备毒气的方法等内容

这一级航母包括列克星敦号和萨拉托加号两艘，都参加了太平洋战争。前者在珊瑚海海战中与日本海军祥凤号同归于尽，后者在瓜达尔卡纳尔岛海战中负伤，后期从事训练和巡逻等任务。

挂图上另一艘远处的航母，虽然外形稍有模糊，但可以看得出是一艘平甲板没有舰桥的航母，在当时的世界上，只有美国的兰利号和英国的百眼巨人号航母是这样造型的，考虑到该舰与列克星敦号出现在同一画面，估计兰利号的可能性更大一些。

无论防毒还是防空方面的教育，对于红军战士来说，在未来八年的战斗中可能都不乏价值。但画中的航空母舰可能只会给他们留下一丝羡慕和梦想，我想，无论是兰利号还是列克星敦号，对于当时的红军来说，恐怕都是类似外星球的存在。很难想象，当年看过这些挂图的老红军，在见到辽宁号，或者见到被我们当作海上游乐城的明斯克号时，又会有怎样的感慨。

值得一提的是，红军在陕北“研究”航空母舰，仅仅限于研究，但国民党空军对于红军的攻击却是实实在在的，也曾给红军造成重大威胁。然而，在这个过程中，他们的损失也不小，在贵州茅

红军战士在学习

台，红军用重机枪改装的高射机枪曾击落国民党军的轰炸机；在宁夏，国民党军的飞机曾因为红水河子机场的跑道不够长在起降时摔出跑道。不过，在他们中间流传最广的，还是一次和红军作战时的“灵异”事件。因为这事多少和红军有关，故此原景重现，以飨读者。

打红军打出灵异来

“宜黄道格拉斯奇案”，见于一个曾在中国任职的日籍教官的笔记（以下简称“教官笔记”），他在访问一名国民党空军高层将领时，听其说过此事，所以记录下来。笔者在确认这件事情的时候，发现台湾李天民的《中国航空掌故》中也有类似的记载。相同的一点是两个记载中都没有明确写出当事人的名字。

这个案子到底是怎么回事儿呢？

按照李天民的说法，这件事发生在 1933 年夏天，而“教官笔记”里面则记载为 1933 年春天。当时，国民党军正在江西宜黄地区和红军对峙。这时候，还没等红军进攻，国民党军队里自己人已经快打起来了。

国军怎么还打国军呢？为什么啊？

理由很简单——欠饷。

守宜黄的国民党军军饷不足，有叛变投共的危险。按照李天民的说法，当时的军队中颇有一些出自军阀、打仗的时候用钱就可以买动倒戈的人，同样，没钱的时候也就不要指望他们忠诚地为党国而战了。因为欠饷和对非嫡系部队的排挤，国军有不少打着打着就投了红军的部队，哗变更是家常便饭。

事情闹到蒋介石案头，作为红军活动的核心地带，蒋介石很清楚宜黄的重要性。于是，老头子一声令下，立即把饷银送到宜黄的军中去！

国军当时稳稳控制着长江中下游富庶的地区，并不是真的没钱。但是，要想把钱送到宜黄去，却不是一件容易的事情。

宜黄这地方太荒了。

1999年7月10日，中央电视台晚间新闻播出了一则消息：江西宜黄县农民袁洪华被华南虎袭击死亡。这也是中国最后比较可靠的华南虎出没的消息。直到今天，宜黄县的森林覆盖率还有百分之三十六，可想而知七十多年前那里的自然环境是怎样的原始。当时宜黄连一条正经的能走卡车的公路都没有。

所以，如果派人送钱进去，估计还没等走到，当地驻军就已经哗变了。

负责这事儿的官员是个聪明人，一想，咱何必派人进去呢，咱不是有飞机吗？弄个飞机空投进去不就成了？

这个财神爷的任务，最后交给了当时正在江西配合“剿共”作战的国民党空军第三队。

说起来，这时候参加对红军作战的国民党空军，实在是太舒服的兵种了——红军既没有飞机，也没有高射炮，无论侦查还是轰炸，都如入无人之境。除非像龙文光那样自己把自己弄下去，红军是基本拿国民党军的飞机没办法的。这种给友军送钱的差事，更是轻松得像出门旅游一样。

不幸，这样轻松的任务，却出了意外。

仿佛是天公故意和老蒋过不去，空军第三队领受了这个任务以后，连续五六天都是“黑云压城城欲摧”的天气，以当时的飞机，根本无法出任务。那边听说飞机送钱来，闹饷是暂时不闹了，但假如几天见不着飞机，再闹起来这帮大兵恐怕都敢拿枪打神仙了，这可不是闹着玩儿的。

然而，上头也不敢逼迫飞行员强行起飞。因为红军狡诈多端，别到时候飞机勉强出去了，没找到友军，匆忙中把钱扔给红军，那还不如不去呢。

好在一个星期以后，天气终于好转。风虽然还很大，但总算是晴了。这个天气要飞出去还是有风险的。第三队的队长张司令是个爱兵如子的好人，看到这个情况决定干脆自己跑一趟。

国民党空军第三队当时使用的是双翼双座的O－2M道格拉斯轰炸/运输机，

于是，张司令挑了一架维护较好的飞机出发了，后座带了一个姓王的副手，还有六个大包——每个大包里面，是十万元的钞票。这六十万军饷下去，估计砸也把这帮兵油子砸晕了。

1929年开始，中方曾先后订购这种飞机七批八十五架，后广泛用于抗战之中。

一路上气流湍急，几次遇险，幸而张司令技术高超，上下翻飞，经过两个小时的艰苦飞行，终于突破险境，飞到了目标的上空。

张司令松口气，对后座小王下令准备空投。

没反应。

再说一遍。

还是没反应。

张司令扭头一看，顿时大吃一惊，差点从飞机上蹦出去。

假如后面小王是拿枪逼着张司令让他投共，也不过是换个老板串串门罢了，绝不会把他吓成这个样子。

但现在张司令看到的场面，只有两个字可以形容——诡异。

张司令一回头，按照“教官笔记”的说法，当时吓得飞机都不会开了，差点撞了山。

怎么回事儿呢？

只见后座上空空荡荡，鬼都没有一个。起飞时还坐在那儿的王飞官竟然不翼而飞！难道把他落在机场了？不对啊，上飞机的时候明明小王是走在前头的呀！

解释一下“王飞官”这个称呼，国民党时，一些称呼今天我们会感觉颇为古怪，比如飞行员，不管什么级别，一律称飞官。电台采访立功人员，竟当面称请“张英雄”“王英雄”谈一谈，而对方对“英雄”的称呼也坦然受之。

王飞官居然不见了！

张司令忍不住向后左找右找，但除了空荡荡的座舱，一无所有。

O-2M道格拉斯轰炸/运输机只有两个座，真正可算是屁股大的地方，是没地方可以藏猫猫的，估计王飞官也没有这个幽默感。

想象一下漆黑的天幕下狂风怒号，一架孤零零的道格拉斯飞机在风中飞行，听不到后座回答的张司令迷惘地回头一看，正看到一道闪电照亮空空如也的后舱……

其实，倒没有灵异到这个地步。按照李天民的记载，张司令是早晨九点从南昌起飞的，飞了两个小时到宜黄，正是中午时分，当时风虽然不小却没有下雨，所以漆黑的天幕和闪电都是笔者臆造的，大家不要当真啦。

然而此情此景还是把张司令吓了一跳，他也是老飞行员了，这在飞机上发生人间蒸发的事儿，可还是第一次碰上。张司令怎么也想不明白王飞官何以不见，他也顾不得空投了，驾着道格拉斯歪歪斜斜地直奔南昌机场返航。

落地以后就是一阵狂找，上上下下地乱看。

当然一无所获，王飞官不是从少林寺来的，自然不会抓着飞机尾巴练大力金刚掌的。

只是检查结果发现，原来在座舱里的六箱钞票也少了一箱——也就是说，十万元，随着王飞官不翼而飞了。

张司令他们还在找，知道这个结果的当地国军最高长官已经得出了自己的结论——肯定是王飞官拿了这十万元，携款潜逃了！

罪犯就在可能得利者中间找，这位长官看来研究过刑事学。

这个结论一出，张司令他们大感可能。因为当时的飞行员和汽车驾驶员一样，都是有安全带的，王飞官失踪的座位上，安全带是打开的状态，只能是他自己解开的。

司令长官推测，八成是王飞官见钱眼开，在飞行过程中，拿了一箱子钱悄悄跳伞了！

张司令等人对此有点儿含糊，因为觉得小王这人平时挺实诚的，尊师重教，憨厚朴实，不像这等心怀鬼胎之人。另外，长官也把跳伞想得太简单了，为了识别地标，道格拉斯飞机飞行高度不高，低空跳伞可是会出人命的！

于是，另一个令人匪夷所思的说法出现了——小王其实根本没有随着张司令起飞。两人上了飞机，还没等起飞，王飞官就用缩骨功从飞机里溜出来，带着钱跑了……

不管怎样，震怒的司令长官发出命令，所有飞机起飞，顺着航线找那个姓王的！

不能不说，老蒋用人，常常会用一些虽然忠诚但脑袋不太正常的家伙——用飞机在好几百里的地方找一个人，这不是跟大海捞针一样吗？再说了，就算万一王飞官傻傻地等在那儿让你抓，难道飞行员能从飞机上蹦下去抓人么？

其实，仔细考证起来，这位有点儿缺心眼的长官，和那位吓了一跳的张司令到底是谁，都是可以查出来的，两位都可以算是大名鼎鼎的人物。

这位长官，我的第一感觉可能是胡宗南，因为这家伙打延安还煞有介事地带着《福尔摩斯探案集》，似乎是个多少懂些破案的，而派飞机抓人，胡长官也的确干得出这样的事。

不过，从历史记载来看，当时胡宗南并不在这个战区，在南昌指挥与红军作战的最高司令长官，是另一名国民党高级将领——陈诚。

这位长官，看他在东北和林彪交手的水平，也是那种能干出出动飞机抓人这种事情来的人物。

至于张司令呢？此人应该就是当时的中央空军第三队司令官张有谷。

有趣的是，有关张有谷的资料竟然国共双方都有，而且都在空军。

国民党方面的张有谷，是中央航校教育长，抗日空军前线总指挥，空军士官学校的缔造者。

共产党方面的张有谷，是东北老航校（牡丹江）副校长，解放军早期航空教育的重头人物。

哪一个是把王飞官飞丢了的张司令呢？

其实，两个张有谷是一个人。

这位不幸碰上了“灵异”的张有谷是贵州人，云南航校第一期毕业生，1927年进入北伐军航空队服务。抗战爆发后任空军前敌总指挥部参谋长，先后担任航空委员会军令厅少将副厅长、中央空军军官学校教育长、空军第三路司令等职务。抗战胜利后回云南，1949年随卢汉起义，不久加入解放军空军，担任牡丹江航校副校长，退役后担任陕西省林业厅副厅长。张有谷还是第二届到第八届政协委员，

张有谷在国民党空军任职时期的照片

张有谷（前排正中）在共产党解放军空军中的留影

于1989年去世。

计算起来，1932年至1933年空军第三队的确配属给陈诚部在江西与红军作战，张有谷此时正担任空军第三队司令。

他这个司令，可以算是捡来的。1929年5月1日，国民政府在南京成立航空司令部，下设一、二、三队，第三队司令本为耿熠曾，谁知道耿刚一上任就出事了。当时，中国从德国进口了一批K－53容克斯战斗机，耿熠曾手痒亲自去试飞，结果飞着飞着机翼忽然折断，机毁人亡。事后查明是飞机组装的时候把螺丝上反了，但人死不可复生，这才改由威望仅次于耿熠曾的张有谷担任司令。

由此看来这件“道格拉斯奇案”并非臆造。张有谷这个人在军中待人宽厚，有君子之风，原国民党空军飞行员龙文光在红军中担任了航空局局长，后来再次被国民党方面逮捕，张有谷曾不顾风险为其说情开脱，想保全其一命。所以，在天气不好的情况下，不愿部下担风险而亲自驾机去空投军饷的事，他是干得出来的。

说到这里，笔者不禁怀疑——国民党的张有谷和共产党的张有谷不是一个人。

因为国民党中的张有谷已经混到中央航校教育长（校长是蒋介石）了，何以又跑到共产党方面做个航校副校长呢？须知这两个航校的规模差的可不是一星半点儿的。难道老张是共产党埋下的无间道？

根据现有的资料来看，张有谷自己主动跑去投奔共产党是几乎没有可能的。1933 年 4 月 27 日，张有谷率部配合国民党陆军进攻红军时，曾轰炸了崇仁和乐安之间的固岗和南村——那一天，恰好红军总司令朱德在固岗，毛泽东在南村。张有谷那时候不但没有通共，而且大有要谋杀朱毛的嫌疑。

张有谷后来之所以会选择投共，除了大势所趋，可能还与他抗战后期栽的一个跟头有关。1941 年，张有谷担任空军第三队司令不久，因指挥吕天龙（印尼华侨，国民党空军的抗日英雄，解放军抗美援朝战场上的空军名将，经历也很奇特）大队十二架伊 -16 战斗机飞天水时，落地后遭到日军偷袭，飞机多数损失而被撤职查办，险些遭枪决，幸好白崇禧出手相救才得以幸免，但张有谷依然遭遇了一段牢狱之灾。

其实，这次失误张有谷并没有太大责任。日军是利用零式战斗机超长的滞空时间，在云中尾随这批中国战斗机直到其油尽落地才发动突袭的，中方主要是败在了飞机性能上，蒋介石要枪毙张有谷实在冤枉。

此事过后虽然张有谷依靠老资格不久便被保释出狱，但在空军里再不复昔日荣耀，只得回到云南去投靠卢汉，一度只能当个荒僻小县的县长。

从中央航校实际负责人，落到当个小县长——搁现在也就是乡长级别的，这种落差一定让人心里很不舒服。

后来据黄肇濂先生的回忆，这位打下四架日军飞机的优秀飞行员，1941 年以后基本赋闲，其原因在于他是出身广东空军的非嫡系。太平洋战争爆发以后，由于美国参战而得到喘息的国民党军，又开始重用嫡系、排斥异己的循环了，空军也不例外。由此推测，张有谷作为当时中国少有的经验丰富的航空人才，被查办判刑和不再受到重用，恐怕主要还是因为他出身于杂牌子的云南航校。

问题是，飞着飞着助手来个人间蒸发，不管你属于国民党还是共产党，恐怕都很难找到相关的理论来解释这个现象。

第二天，搜了一天也没有成果。第三天早晨，正当大家一筹莫展的时候，忽然接到一份意料之中又意料之外的报告——永丰县来了一封电报，内容是："昨日，县境内大雨滂沱，雨中忽然出现一个人从天而降，死于地面。在他旁边还有一个麻布包。"

不用说，这就是那倒霉的王飞官了。看来他还真不是携款潜逃。

这份电报哪儿不正常呢？

不正常就不正常在，按照永丰方面的说法，王飞官是在失踪第二天才从天上掉下来的……

这就奇了，这一天的功夫，他上哪儿去了？

王飞官已经无法回答这个问题了，所以没人知道。

这事情没法解释，只好先不管了，一班空军改了陆军，去永丰察看情况——没办法，那地方根本没机场啊。

现场勘查的结果如何呢？据说当时王飞官的情况是"骨骼寸断，面目狰狞"，他身边的麻布包正是装钞票的，而应该随身带的伞包却不知去向。

早前在机场工作的时候，笔者见过一个精神病患者扒民航机从上海飞北京，不幸中途坠落身亡的照片，大体，也就是这个样子。

不过，王飞官身边的那个麻布包里，十万元钞票分文不少。具体后来这笔军饷是怎样发下去的，也没了下文。李天民写道——至此，南昌基地持续三天的大混乱总算告终。

十万重金从天而降却分文不少，堪称奇迹。上大学的时候，交过几个江西老表朋友，无一不是轻财仗义的性子，看来那地方的民风一贯淳朴，是有传统的。这也说明了永丰方面不大可能为了贪这笔钱之类的原因而谎报情况，王飞官可能确实是失踪了一天多才掉下来。

到底是怎么回事儿呢？李天民没有写，估计是上头看到钱回来了，对细节也就失去了兴趣。"教官笔记"里面说据接受采访的国民党空军老人讲这是"撞鬼"，看来也是压根儿就不准备用科学来解释这件事。

其实，用科学来解释，也未必解释不通。

民国时期的飞机十分简陋，座舱盖都是开着的

先说说小王怎么会天马行空的吧。

如前所述，他应该是飞机在湍流中飞行时被颠出了座舱。这种事，也只能发生在那个年代，因为当时飞机的座舱，是敞开的，的确可能发生飞着飞着把人颠出去的事情，现在的喷气式飞机，你就是想跳伞，座舱盖不打开都出不去。

从道格拉斯 OM-2 飞机的构造来看，后座的空间不大，放了大包的钞票以后，王飞官要坐进去只怕姿势多少有点儿勉强。这可能使他比平时更容易在气流中被甩出座舱。也许因为座舱中堆放了钞票，才使他无法按照操作规程扣紧安全带。

不过，那名日本飞行教员有一个看法，似乎也挺合理。在二战期间，日本飞行员有个习惯，经常拿伞包当坐垫。因此，他推测这位王飞官可能是因为飞行太过颠簸无法忍受，因此摘下伞包，解开安全带，试图把伞包塞到屁股底下垫上，就在这时，又一次剧烈的颠簸发生了……

这个解释颇有道理，可以想象王飞官发现情况不妙时定会伸手乱抓，可能一把正抓住那个装满了十万元钞票的麻布包，于是，带着十万元开始了天空之旅。而伞包也同时飞出舱外，不知所踪。

然而，不知道出于什么原因，王飞官愣是死死抓着这十万元，一直到坠落地面。这份维护公款的执着，国民政府也该给个表彰了。

但是，他怎么能在天上一飞一天不掉下来呢？

这个，可就不好解释了，没长翅膀，这人的构造，肯定是不适合在空中飞行的。

倒是看江西的气候，忽然产生了一个想法。

2006 年 4 月 17 日，江西新建县遭龙卷风袭击，倒塌房屋二百余间。

2006 年 6 月 28 日，百年罕见的龙卷风席卷江西省安福县境内（十九米高的大树都被拔起）。

2007 年 7 月 24 日，江西三清山遭受特大龙卷风袭击。

2008 年 7 月 7 日，江西湖口龙卷风发威掀走居民屋顶。

莫非，王飞官是从飞机上颠落后被气流卷进了附近的龙卷风？

据笔者推测，王飞官应该是在宜黄境内，快到目的地时才失踪的。否则飞机上只有两个人，张司令总不会闷着头飞，两个人说句话的情况总是经常发生的。因此，他的失踪和张司令发现“灵异”，时间相隔应该不长。

从地图上看，宜黄在南昌东南，而永丰在宜黄正西，距离约二百公里。从南昌飞宜黄，并不需要经过永丰。无论事件发生在春天还是夏天，当地的风向都以东风为主，如果王飞官被卷进龙卷风吹上高空，经过反复的升降，最终随大雨落到宜黄以西的永丰，的确是可能的。

那么，龙卷风有可能把人带走一天吗？

这应该是可能的，清代袁枚就曾断过一个案件，有个韩姓女子被龙卷风带走，一直吹到邻县，第二天安然落地。其未婚夫险些将其作为妖怪退婚。袁枚恩威并施，才打消了男方退婚的念头。

至于到底真相如何，今天已经无从考证。

顺便说一个问题，要张司令他们空投军饷的究竟是哪支部队呢？因为事件发生的时间不确定，所以不太好考证，但李天民的1933年夏的说法肯定不对，1933年夏宜黄在红军手中，并无国民党驻军，要到十月国民党才恢复进攻。如果发生在“教官笔记”中记录的1933年春，那就应该是在第四次反“围剿”过程中。当时国共围绕宜黄展开了连续大战，国民党阵亡一个师长（五十二师师长李明），被俘一个师长（五十九师师长陈时骥），负伤一个师长（十一师师长萧乾），红军阵亡两个师长（红三师师长彭鳌和另一位已无法考证身份的师长）。此时镇守宜黄的是七十九师樊崧甫，他属于国民党中的老资格，辛亥革命时就是浙军敢死队队长，几乎比蒋介石还老，蒋对其忌讳但表面上还很客气，似乎克扣军饷的事情不大可能轮到他。同时，那笔钱有朋友帮忙换算了一下，大约够一个师四个月的足饷了，发给樊部似乎太多。

笔者个人认为可能李天民把年份写错了，事情并非发生在1933年夏，而是1932年夏，当时宜黄被红军包围，守军是高树勋的十七军（主力二十七师）。这个部队是中原大战向蒋军投降的西北军，在当时的国民党军中一向比较受气。因为此前已经发生了同属西北军的二十六军因欠饷和受歧视而起义的事件，蒋介石紧急空投巨款以敦促高树勋死守宜黄是有可能的。

不过，打到8月，宜黄失守，十七军溃败被取消番号，高树勋化装逃跑。要是这样，这笔军饷倒是没有必要再送了。

这件事情，自然只是让人一笑了之，当作笑谈可以，从历史价值上，就远不如福尔曼拍摄的红军照片了。

陕北的红军有飞机和战车？！
——日本记者的特别报道

中国共产党军的主力部队，集中精锐部队组成的，通常被称为第二十四军，去年在四川时其兵力仅有不足四千人，到去年秋天时已经发展到拥有两万人的大军，并成为拥有数架飞机、配备战车等武器的新锐兵团。

王必成中将

这段话是一名日本记者于1936年1月23日发表在《满洲日日新闻》上的，他所形容的并非新四军发展起来的王必成将军的二十四军，而是陕北红军中的“朱毛军”。

朱毛率领的中央红军到达陕北后还有飞机和战车？

全面抗战开始前，有美国记者到达陕北，拍摄了红军炮兵部队的演练

红军炮兵

红军的炮兵训练有素，动作规范，令人生畏

经历过长征的红军个个身经百战，堪称精锐，如果装备稍好一点，红军没有飞机战车也照样可以打得国内军阀满地找牙

如果不是东征阎锡山，中央红军到达陕北以后只怕已经穷到只剩一门炮的地步了。说红军此时还有飞机和战车，显然是日本记者的臆想了。红军当时正在渡黄河东征。阎锡山三十多个团被打得七零八落，日本人大概觉得红军要是没飞机和战车，不应该有这么强的战斗力。

在这篇文章中，日方记者描述了红军长征后的发展状况，分析了红军各主力部队的兵力和特点，其中包括“朱毛军”“徐海东军”和“刘子丹军”（应为刘志丹，日本方面经常犯这样的错误），并对红军未来的进军方向提出了猜测。整篇文章应该说还是比较客观和有历史价值的，只是，如红军拥有飞机和战车这样的说法未免出了格。

北上共産軍の行方
山西省内十數縣を既に占領
最も勇猛な赤衞隊

滿洲日日新聞

神戸大学経済経営研究所 新聞記事文庫
引用に際して： www.lib.kobe-u.ac.jp/sinbun/use/

日本记者的文章，题目是《北上共产党军的行动方向——已占领山西省内十余县，最勇猛的赤卫队》

这篇文章中，对于红军的发展状况是这样描述的：

1935年，对北中国来说是相当不正常的一年，局势变化堪称波澜万丈。而跨入1936年的时候，一大问题便是二十五万共产党军大举北上后将如何展开他们的阵线。从蒋介石防线辗转而出的中国共产党军，从去年秋冬开始，辗转经过广西、贵州、云南、四川、陕西、甘肃各地，现已将绥远、山西两省陷于其铁蹄蹂躏之下，成为其活动的舞台。此处已经可仰赤俄之鼻息，故其在沉默之中已经大胆地开始了对绥远、山西方面的赤化工作，并取得不断进展。

现在，北中国的共产党，在陕西、甘肃北部一带建立了根据地，并在徐徐扩充其势力。徐海东军与拥有全体红军中最精锐部队的朱毛军和陕北土著的共产党军即刘子丹军合流，向绥远、陕西方面伸出了赤化之手，近来，他们稍稍收敛武装斗争的战略，而专心于宣传与地下活动，以展开赤化工作。与此相伴，组织上建立了新的西北工作委员会，并在西北工作委员会下设陕北特别委员会、陕甘北部特别委员会、蒙古特别支部等机构，主要负责人包括军事委员刘子丹、宣传委员马济民、组织委员郭鸿恩、组织委员小李等，指挥实施各种赤化工作。对此共产党军的现有势力特作如下剖析。

这段文字之后，才开始讲述拥有“飞机战车”的朱毛红军。

红一方面军在俄界会议后，为缩小目标便于行动，改称“中国工农红军陕甘支队”，看来这一措施的确有效，故此日方报道着重描述“西北工作委员会”而忽视了中共中央的动向。不过他们的情报有些滞后，因为11月的时候，红军已经以陕甘支队、红十五军团进行合编，重新打出红一方面军的旗号了。

有意思的是，日本方面竟然将原红一方面军的部队称为“二十四军”。历史上陕北曾经有个红二十四军，但已在1931年8月战败瓦解，军长赫光遇害，只有少数部队突围后加入刘志丹、谢子长的部队。而朱毛从未使用过这个番号，日本方面又是从何说起呢?

推测是日方认为徐海东用的番号是红二十五军，刘志丹的主力是红二十六军，另外红二十七军的番号早已在鄂豫皖出现过，所以朱毛红军从逻辑上似乎只能用红二十四军的番号吧。

不过除此之外，本文也有颇有研究价值的内容，如里面提到的马济民，即陕北革命根据地的创始人和主要领导人之一马明方；而郭鸿恩，则是陕北“肃反”中弄得人人侧目的郭洪涛；而小李，推测可能是后来担任八路军三五九旅参谋长的李仲英。这些人物，都是陕北根据地的骨干干部。

平心而论，日本方面一个普通记者对于中国的情报能够做到如此地步，既反映了日方的野心，也反映了这方面中日双方信息的不对等，试问当时中国有哪个记者能对日本一个在野党的组织情况了解到如此深刻的地步?

除了对“朱毛军”，这篇文章中对于徐海东和刘志丹部下的红军也有相应描写。

马明方、王维舟、乌兰夫、习仲勋等北方干部合影

对于“徐海东军”是这样描述的：

事实上该军的军长为程子华，徐海东担任副军长。尽管如此，这支部队还是以徐海东军之名为中外所知，所辖二〇三团、二〇五团和手枪团共三个团，约一万名士兵，均为十五岁至二十岁的青少年，故也被称为“童子军”。该军纪律严明，行军途中不入城，不侵耕地，与农民交易均以现金结算，禁止一切劫掠行为，此种模范之军规颇为地方住民所欢迎。

徐海东和程子华并肩战斗，应该说对这支部队的贡献难分高下，只是徐海东一直在这支部队，而程子华是中央后来派来的，有早晚之分，难怪红二十五军被记成“徐海东军”。红一方面军曾有记载，经过某地时，受到热烈欢迎，究其原因便是徐海东部此前经过时，在此地留下极好印象，看来徐大将军这方面的大名，

刘志丹

都响到国外去了。

关于刘志丹军，日方记载是这样的：

作为陕北的土著部队，装备迫击炮机枪数十架，刘子丹麾下的部队共计三个师，包括高刚（似应为高岗）指挥的八十六师（兵力两千），杨琪指挥的八十四师（兵力一千五百）和杨森、黄成章指挥的八十二师（兵力两千），此外还辖两个骑兵团。另有以勇猛果敢著称的青年部队组成的七个师的红军游击队，总兵力在五万内外，是全军中规模最大的部队。

这部分讹误较多，除刘志丹写成“刘子丹”、高岗没有担任过师长外，五万的数字显然夸大了刘志丹所部的兵力，陕北红军兵力并非如此雄厚。文中的杨森、杨琪均为陕北红军中的骁将，与刘志丹共同牺牲于东征山西之役。黄成章，即黄子文，一度担任红军大学政委，后因种种原因回渭北做地方工作，1947 年在耀县牺牲。个人认为，他可能是《白鹿原》中鹿兆麟的原型之一。

这时红二、红四方面军尚未到达陕北，此文对于陕甘宁红军的描述基本算达标，而他所说红军占领山西十几个县的战斗，则可算消息灵通，这是红军在 1936 年初打响的东征阎锡山之役。这次战役，红军在 1 月 4 日渡过黄河，很快突破阎锡山的防线，一直打到吕梁山脉，阎锡山军的三十个团都挡不住猛虎出柙的陕北红军。只是后来搬来了陈诚的中央军，才算稳住局势。战斗打响后仅仅一个星期，日方即有这样的评论文章出来，不由得人不惊奇日方关注中国国内局势的敏感。

到达陕北的红军有些装备相当不错，不过也就限于轻武器而已

这篇文章还有一部分讲述了对于红军东征作战的看法，也值得一看。其内容如下：

各军团之下尚配属有特务队、突击队、赤卫队、少年先锋队等，一般由当地各县各区委员直接指导指挥。这些部队中最有特色的则是赤卫队，又被称为游击队，这些普通老百姓转变成的军队往往只有青龙刀一类的兵器，人数却在不断增加，对于陕甘两省北部虎视眈眈。陕北共产党军在省内所辖苏维埃政权已控制十三个县的红色区域，还有十几个县可算半红色区域。加上去年冬天阎锡山对中央的报告中所说，陕西省内也有十几个县落入共产党军的支配之下。完成了不可思议的北上任务，共产党军在北中国包括外蒙、甘肃、山西、陕西、北平、天津

东北军的法制雷诺坦克

一线的舞台上，正依据共产国际的路线展开巧妙的赤化工作，从其实际进展来看，正在步步完成预定的计划。这一事实表明其会给北中国带来和平之乱，这或为中国共产党军以苏联为后盾的对日满斗争之第一步，必须给予相当大的重视。

这时候杨靖宇和赵尚志的“红军匪”（即东北抗日联军）正在伪满洲国闹得天翻地覆，日方对于所谓的“赤化”警惕性提得很高。这一阶段日方各报刊对红军的报道都颇为丰富，几十年后仍可被视为有价值的史料。

要说红军手里能拥有飞机、战车，未免属于异想天开。飞机么，红军倒曾经有过几架，不过长征开始前都已经因为缺乏备件而不能使用了。至于战车……从技术上来说，今天的坦克恐怕也无法过雪山和草地，何况红军在江西的时代也不曾拥有这样先进的武器。至于红军以从苏联手中获得装备而计划的宁夏战役（实际未完全实施），要到红四方面军到来后才开始计划，此时日本记者当然不可能未卜先知。

然而，如果红军能够早些开始北进，说不定真能弄到飞机和坦克的。

1935 年 10 月，中央红军与陕北红军会师，看到红十五军团的装备，连中央红军都惊呆了——一个连六挺机枪，中央军也没有这么豪奢的道理啊！一问之下才知道这都是徐海东带着红军吃大户的结果——这些装备都来自于装备精良但士气低落的东北军。

红二十五军出发之时，东北军的一〇七师等部队就赶去试图来个“聚歼”，结果，反而让红军打了个大胜仗，缴获极丰，成了所谓“祭旗”。从此，徐海东的红二十五军一路过关斩将，率先到达陕北，而且一路上兵力在扩充，装备在改善，让其他各路红军羡慕不已。后来这支部队居然养成了一个毛病，非东北军不打——别的部队的装备，他们看不上啊。

蒋介石为此气得大骂徐海东是“文明之一大害”。

当年，少帅手中可是有飞机和坦克的，东北军是中国各路军阀中最早拥有装甲部队的。

可惜的是，在九一八事变的时候，东北军的航空部队和装甲部队在沈阳未经抵抗便落入日军之手，仅在北平留下了两辆坦克。少帅一气之下把它们也送给南京的陆军交辎学校当教具去了。所以，当 1935 年红军到达陕北的时候，东北军自己也没有这些装备了。否则，谁知道徐老虎会不会抢几辆坦克来玩玩？

少帅，这件事干得实在是不漂亮。

薄复礼五十年后回忆的红军

在接受某家国外媒体记者采访的过程中，薄复礼，或者说勃沙特的回忆总带有一些意想不到的内容。

比如，谈到他随红军长征经过的地区，他用英语流畅地告诉采访者贵州是个“天无三日晴，地无三尺平，人无三分银”的苦地方，只是把“尺”换成了“英尺”，把“银”换成了“英镑”。显然，这样的说法会让欧美的读者更容易理解。

再比如，他会在讲述自己的经历中，忽然冒出一个中文词汇来，让你要琢磨一下，才明白他说的是什么。有一次，他提到在红军中的伙食，提到有一阶段他们所跟随的红军部队在不断翻山越岭，并遭到国民党军的追击，所以吃饭变得十分凑合。他说在那十几天里，只能吃到一种蔬菜。

当听到这段采访的时候，笔者本能地以为这种蔬菜是辣椒——几乎所有人都知道红军能吃辣的这回事儿，日本的集英社甚至把这件事画进了教学参考书。然而，薄复礼却发出了一个类似“Kwukua”的词汇，让人无论如何也联系不到辣椒。这是什么东西?

直到他接着说下去，讲道:“这是一种看上去很漂亮，类似艺术品的蔬菜，但味道很奇怪。”笔者忽然醒悟到，他要说的，应该是“苦瓜”。

想想一个外国人跟着红军跋山涉水，天天吃苦瓜下饭，应该是件到今天还是很匪夷所思的事情。

不过薄复礼提到这件事的时候，显然不是抱怨，他说红军给他和同时拘押的海曼神父每天吃三顿米饭，“这在当时的中国，比一般人吃的都要好。”在遇到红军前，薄复礼在贵州传教多年，他很清楚一天三顿饭意味着什么，当地的壮劳力，一天也只有两顿饭吃呢。

但作为欧洲人，有时候不同的饮食文化还是会在薄复礼的口中隐约闪现出来——“到了云南就好了，云南那里，红军搞到了很多好吃的，有肉，居然……还有土豆”。说这句话的时候，他的兴奋之情溢于言表。

若换作一个中国人，是不会认为吃土豆比吃大米饭更好的，而在一个传统的欧洲人看来，有土豆吃显然更接近正常的生活——他们大多是在英国占领印度以后才学会吃咖喱饭、和大米打交道的。

薄复礼就是这样在采访中给我们讲述五十年前与红军打交道的事情。五十年的时光或许会淡化很多事情，但对这位神父来说，对于红军的记忆却在他接受采访时历久弥新，依然能够让我们领略到当年这支军队的独特风采。

他在采访中冒出的另一个中文词汇是“老百姓”。这是当记者问薄复礼，红军是不是对他有什么不友好的行为时，他在回答中使用的。他要表达的意思是，红军并没有什么可怕，实际上他们只是“老百姓”，说完之后，又用英文补充一句“Common People”。我想，老先生是很明白在欧洲不会有太多人理解中文里“老百姓”的意思。

薄复礼说红军是“老百姓”，应该是他心中对红军的印象。因为他随后说了他所见到的红军战士什么时候会变得高兴。他说，红军战士在两种情况下会变得情绪高涨，第一种是得到了新的制服时，第二种是有了好吃的食物时。吃好，穿好，不正是当时中国老百姓最标准的追求吗？

他还说到了红军战士的恶作剧。在红二、红六军团会师之后，显然是因为对“大鼻子”（薄复礼说这是红军通常对他这样的欧洲人的称呼）感到好奇，他们围住了薄复礼和海曼，问了很多问题，并因此而发出愉快的笑声。

“那么，是什么问题呢？你是不是还记得一些？”记者的好奇心显然也被老先生吊起来了。

“也没有什么特别的，他们问海曼——你会中国话吗？哦，会一点点。那好，你说给我们听。听到我们的发音，他们就开始笑。而后，他们让我念出他们的名字，我念过后，他们也开始笑。”薄复礼回忆到这里，自己也笑起来，“你知道，这是故意逗你的恶作剧，在全世界都是这样的。”

在采访中，薄复礼至今把“贺龙”念成“哈龙”，把“萧克”念成“稍克”，加上声调不分，估计他那时的发音在很少见到“洋人”的红军战士中带来笑声是铁定的。

不过，另一方面，他又坚决地称红军为“军队”（Army），而不能用其他词汇代替。对于这一点，记者可能觉得他有些过于固执，于是便问他：“你说他们是军队，他们穿制服吗？”

“是的，他们有自己的制服。”薄复礼回答，他还告诉记者，他所见到的所有红军都是穿制服的，显示这是一支相当正规的武装。

“那么，是什么样的制服呢？是单色的，还是类似迷彩服的？”记者好奇道。

“他们主要的标志是独特的帽子，有棱有角的帽子，正中间缀着一颗红星。其实，他们的制服是很简单的。”薄复礼回忆道。

“那么，他们使用什么武器呢？”记者接着问。

“他们一般有步枪，和政府军的武器一样好。不过，也有一些战士只在腰里挂一把大刀，还有的人使用的是霰弹枪（推测是猎枪的意思）。”薄复礼道。

“他们有机关枪吗？”

“有，他们有一些机关枪。”薄复礼回忆道，他认为红军带着这样的装备赶路并不容易，不过，他们有马。

记者此后提问，试图知道红军有没有比机关枪更高级一些的武器，比如大炮，但薄复礼回答没有见过。可能按照欧洲军队的标准，这样一支装备不一、制服也十分简陋的队伍不太符合“军队”的定义，记者对此流露出几分困惑。

薄复礼于是给出了他自己的解释：“这是一支非常有纪律的队伍，有非常、非常严格的纪律。红军不允许吸鸦片，虽然吸食鸦片在当地十分普遍（记者曾问他是否看到过红军队伍中有人吸食鸦片，他回答没有见到过）；他们对自己的军容很在意，尤其在穷人，特别是女性的面前，表现得十分礼貌；他们不被允许随便拿任何东西，制作军服是要付款的。红军买东西都是付钱的，如果他们要借东西，会打一张借条，这样在归还的时候便可以检查物品是否损坏。损坏了东西，他们要赔钱的。”

他甚至还能给出红军对于违反纪律的处罚方式——如果打坏了老百姓的东西，除了赔偿以外，红军会把责任者送到他们这些被拘禁者中间，跟着一起行军三到五天，作为禁闭。

通观薄复礼在接受采访时的发言，可以看出，这位老先生是认真而负责地在回答问题，并尽量不带偏见，客观地反映自己的所见所闻。

比如说谈到红军的女战士，薄复礼说他见到过女战士，他的印象是她们数量不多，但做起事情来和男兵没有区别。记者问他这些女战士是和男兵分别住宿的，还是在一起住宿的，薄复礼很诚实地回答——“我不知道”。作为一个被拘禁者，他的确没有机会了解这个问题。

再比如谈到红军和途经少数民族部落的关系，他坦陈自己没有怎么见到红军和他们的直接交往，但听说他们关系相处得不错。然而，他同时说出了自己在贵州传教时所见的事实——当时的国民党政府对待这些少数民族部落远不如红军，“就是想把他们赶到山里去！”

他的描述中甚至会有一些错误。比如，在谈到红二、红六军团的长征时，他认为这两个军团是有特殊任务的，那就是充当诱饵，使国民党军误认为红军试图在他们活动的区域建立新的根据地，从而吸引敌军兵力，为红军主力的长征创造条件。当红军主力的长征开始后，完成任务的红二、红六军团才甩开敌人，追随主力北上而去。

虽然这种说法似乎很有道理，但实际上红军主力开始长征时，最初的计划正是在红二、红六军团活动的湘西地区开辟新区，只是由于这一计划也为国民党方面所掌握，并在湘江之战给红军造成重大损失，红军的领导人才接受了毛泽东的建议，向贵州方向前进，开始了突破乌江、四渡赤水、穿越雪山草地等一系列战

年轻的萧克

役行动，最终到达陕北。

这应该是薄复礼所能接触的信息有限，他本人亦非军事专家，故此做出了错误的判断。

那么，对于曾经一起行军五百余日的红军，薄复礼到底抱着怎样的态度呢？这也许可以在他于采访中谈到萧克将军时看出来。

在与红军一起长征期间，薄复礼见到红军最高的指挥员便是红二军团军团长贺龙和红六军团军团长萧克。由于他主要跟随红六军团行军，所以与贺龙只有一面之缘，但与萧克军团长却经常见面，薄复礼甚至曾帮助他识别地图。于是，记者向他询问对萧克将军的看法，令人意外的是，薄复礼用了“敬仰（admire）”一词。

他说：“那时候他只有二十五岁，体格强健，是个出色的指挥官。我非常敬仰他，原因是，这个人可以把他的一切都献给他苦难中的祖国。”

我想，这不仅仅是对萧克将军，也是对那些曾为了中国的命运长征万里的红军们最恰当的评价了。